CHIAVENATO

SÉRIE RECURSOS HUMANOS

REMUNERAÇÃO, BENEFÍCIOS E RELAÇÕES DE TRABALHO

Grupo
Editorial
Nacional

O GEN | Grupo Editorial Nacional – maior plataforma editorial brasileira no segmento científico, técnico e profissional – publica conteúdos nas áreas de ciências sociais aplicadas, exatas, humanas, jurídicas e da saúde, além de prover serviços direcionados à educação continuada e à preparação para concursos.

As editoras que integram o GEN, das mais respeitadas no mercado editorial, construíram catálogos inigualáveis, com obras decisivas para a formação acadêmica e o aperfeiçoamento de várias gerações de profissionais e estudantes, tendo se tornado sinônimo de qualidade e seriedade.

A missão do GEN e dos núcleos de conteúdo que o compõem é prover a melhor informação científica e distribuí-la de maneira flexível e conveniente, a preços justos, gerando benefícios e servindo a autores, docentes, livreiros, funcionários, colaboradores e acionistas.

Nosso comportamento ético incondicional e nossa responsabilidade social e ambiental são reforçados pela natureza educacional de nossa atividade e dão sustentabilidade ao crescimento contínuo e à rentabilidade do grupo.

CHIAVENATO
DIGITAL

Idalberto
Chiavenato

REMUNERAÇÃO, BENEFÍCIOS E RELAÇÕES DE TRABALHO

COMO RETER TALENTOS NA ORGANIZAÇÃO

8ª edição

SÉRIE RECURSOS HUMANOS

CHIAVENATO

gen | atlas

- Direitos exclusivos para a língua portuguesa
  Copyright © 2022 by
  Editora Atlas Ltda.
  Uma editora integrante do GEN | Grupo Editorial Nacional
  Travessa do Ouvidor, 11
  Rio de Janeiro – RJ – 20040-040
  www.grupogen.com.br

- Capa: Bruno Sales

- Editoração eletrônica: LWO Produção Editorial

- Ficha catalográfica

CIP-BRASIL. CATALOGAÇÃO NA PUBLICAÇÃO
SINDICATO NACIONAL DOS EDITORES DE LIVROS, RJ

C458r
8. ed.

Chiavenato, Idalberto, 1936-

Remuneração, benefícios e relações de trabalho : como reter talentos na organização / Idalberto Chiavenato. - 8. ed. - Barueri [SP] : Atlas, 2022.

(Recursos humanos)
Inclui bibliografia e índice
ISBN 978-65-5977-046-5

1. Administração de pessoal. 2. Recursos humanos. 3. Relações trabalhistas. I. Título. II. Série.

21-73436	CDD: 658.3
	CDU: 005.95

Meri Gleice Rodrigues de Souza - Bibliotecária - CRB-7/6439

À Rita.

*A vida pode ser vista como um perene desafio
ou como uma dádiva de Deus.*

De fato, viver é lutar, como dizia o poeta.

Porém, viver com você é muito mais do que simplesmente lutar.

É, sobretudo, desfrutar e amar essa prodigiosa maravilha que é a vida.

A vida a dois.

Por isso, este livro é dedicado inteiramente a você.

Parabéns!

Além da edição mais completa e atualizada do livro *Remuneração, Benefícios e Relações de Trabalho*, agora você tem acesso à Sala de Aula Virtual do Prof. Idalberto Chiavenato.

Chiavenato Digital é a solução que você precisa para complementar seus estudos.

São diversos objetos educacionais, como vídeos do autor, mapas mentais, estudos de caso e muito mais!

Para acessar, basta seguir o passo a passo descrito na orelha deste livro.

Bons estudos!

Confira o vídeo de apresentação da plataforma pelo autor.

uqr.to/hs6d

Sempre que o ícone  aparece, há um conteúdo disponível na Sala de Aula Virtual.

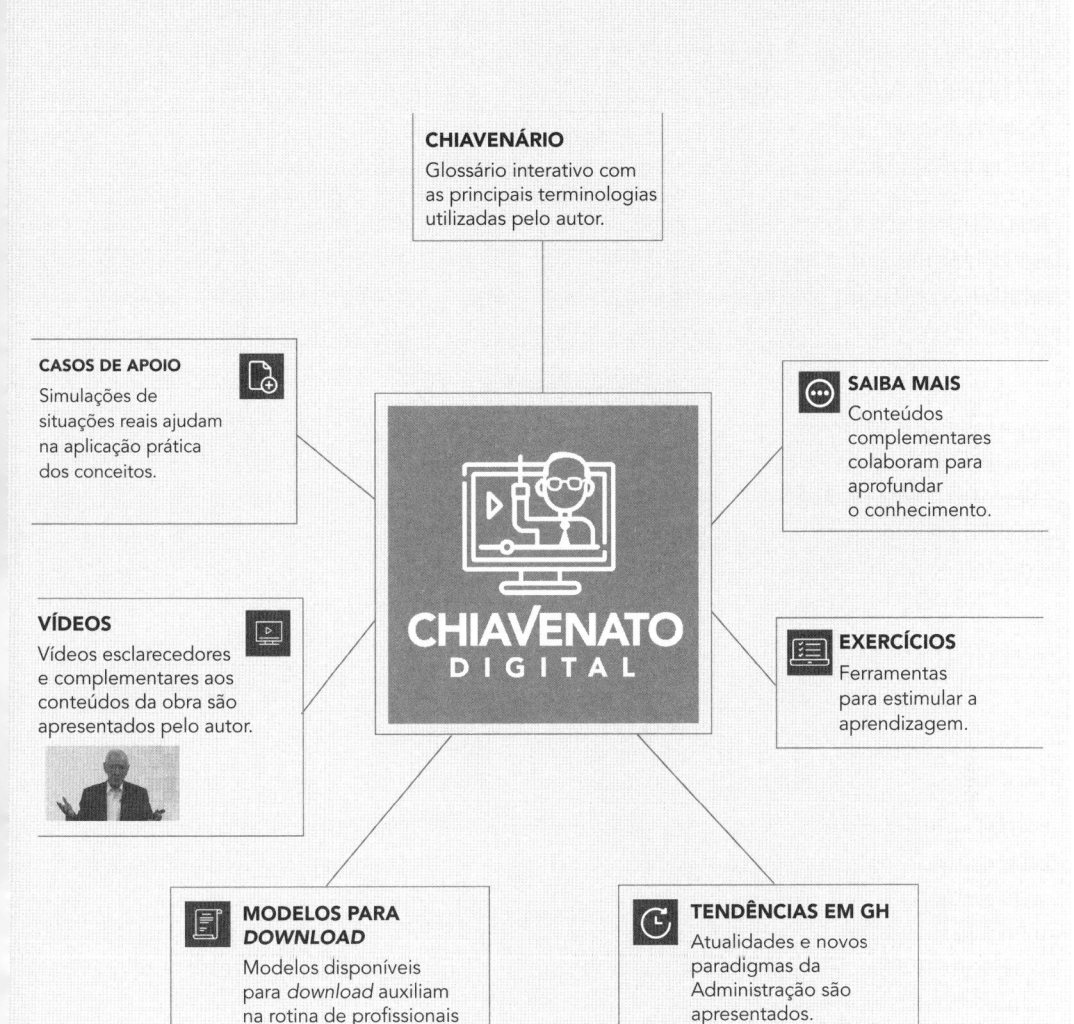

CHIAVENÁRIO
Glossário interativo com as principais terminologias utilizadas pelo autor.

CASOS DE APOIO
Simulações de situações reais ajudam na aplicação prática dos conceitos.

VÍDEOS
Vídeos esclarecedores e complementares aos conteúdos da obra são apresentados pelo autor.

SAIBA MAIS
Conteúdos complementares colaboram para aprofundar o conhecimento.

EXERCÍCIOS
Ferramentas para estimular a aprendizagem.

MODELOS PARA DOWNLOAD
Modelos disponíveis para download auxiliam na rotina de profissionais e estudantes.

TENDÊNCIAS EM GH
Atualidades e novos paradigmas da Administração são apresentados.

CHIAVENATO DIGITAL

SOBRE O AUTOR

Idalberto Chiavenato é Doutor e Mestre em Administração pela City University Los Angeles (Califórnia, EUA), especialista em Administração de Empresas pela Escola de Administração de Empresas de São Paulo da Fundação Getulio Vargas (FGV EAESP), graduado em Filosofia e Pedagogia, com especialização em Psicologia Educacional, pela Universidade de São Paulo (USP), e em Direito pela Universidade Presbiteriana Mackenzie.

Professor honorário de várias universidades do exterior e renomado palestrante ao redor do mundo, foi professor da FGV EAESP. Fundador e presidente do Instituto Chiavenato e membro vitalício da Academia Brasileira de Ciências da Administração. Conselheiro e vice-presidente de Assuntos Acadêmicos do Conselho Regional de Administração de São Paulo (CRA-SP). Autor de 48 livros nas áreas de Administração, Recursos Humanos, Estratégia Organizacional e Comportamento Organizacional publicados no Brasil e no exterior. Recebeu três títulos de *Doutor Honoris Causa* por universidades latino-americanas e a Comenda de Recursos Humanos pela ABRH-Nacional.

APRESENTAÇÃO DA SÉRIE

Caro leitor,

Nossa *Série RH* foi dividida em cinco livros, cada um deles focado especificamente em um dos seus temas básicos, idealizando facilitar para o leitor que tenha interesse em apenas determinado assunto dessa área tão importante e relevante do mundo empresarial. Por esse motivo, todos os livros da série, exceto o *Administração de Recursos Humanos – Gestão Humana*, iniciam-se com o mesmo conteúdo em seu primeiro capítulo, que envolve os fundamentos básicos da área. Esse capítulo, nomeado *O Sistema de Gestão Humana*, traz em seu título uma inovação: passamos a utilizar o termo *Gestão Humana* no lugar de *Recursos Humanos*. Não é uma simples mudança de nome e explicaremos o motivo adiante.

A Era Industrial – em suas duas primeiras revoluções – trouxe importantes transformações para a sociedade e, em particular, para as organizações. Apesar das empresas serem constituídas por recursos físicos e por pessoas, o paradigma da produção em alta escala, protagonizada por esse evento, focou em uma gestão eficiente e no constante aumento da produtividade.

Essa visão, presente desde os tempos do taylorismo e do fordismo, foi bem caracterizada no filme *Tempos Modernos* (1936), do gênio Charles Chaplin (1889-1977), ao retratar, por meio de seu personagem *The Little Tramp* (O Vagabundo), as altas robotização e especialização do ser humano, considerado na época como um apêndice da máquina. O trabalhador, portanto, era visto como mais um recurso na pirâmide hierárquica, ou seja, mais um ativo para auxiliar a empresa a resolver alguns problemas que a máquina por si só não podia fazer. Todavia, o que é um "ativo", no conceito econômico utilizado pelas empresas, senão um conjunto de bens e de posses, passível de se transformar em dinheiro?

Apesar de a sociedade já ter vivido três Revoluções Industriais (a segunda marcada pelo desenvolvimento da indústria química; a terceira, pela substituição da mecânica analógica pela digital e pelo uso da internet) e, a partir de 2011, estar vivendo a quarta, que utiliza os recursos tecnológicos disponíveis para geração de conhecimento e produtividade, muitas organizações, em plena Era Digital, ainda se apropriam do termo Recursos Humanos quando se referem ao bem mais valioso que possuem: *suas pessoas.*

Pessoas não são recursos, assim como não são ativos. A organização não tem a posse ou a propriedade sobre seus colaboradores. Ela deve, contudo, adquirir seu compromisso, sua confiança e seu engajamento caso queira fazer a diferença em um mercado altamente competitivo e volátil.

Diferentemente da Era Industrial, em que os trabalhadores eram selecionados, muitas vezes, por sua capacidade física, atualmente as pessoas que colaboram para o sucesso da organização são valorizadas por suas competências, pelo seu conhecimento, compromisso e compartilhamento com os valores organizacionais.

Considerando, portanto, que a palavra "recurso" remete a um período industrial temporalmente distante em que o ser humano era considerado somente mais um ativo utilizado para rodar a engrenagem organizacional, as obras desta série passaram a utilizar o conceito de *Gestão Humana* no lugar de *Recursos Humanos*. Esta será a última edição com esses termos antigos nos títulos dos livros da série, uma vez que a intenção é mudar a forma como esses termos são tratados. Dessa forma, iniciamos uma mudança gradual, com atualizações nos subtítulos:

Edição anterior	Edição atual
Administração de Recursos Humanos: fundamentos básicos	Administração de Recursos Humanos – Gestão Humana: fundamentos básicos
Planejamento, Recrutamento e Seleção de Pessoas: como agregar talentos à empresa	Planejamento, Recrutamento e Seleção de Pessoal: como agregar talentos à empresa
Desempenho Humano nas Empresas: como desenhar cargos e avaliar o desempenho para alcançar resultados	Desempenho Humano nas Empresas: como desenhar o trabalho e conduzir o desempenho
Treinamento e Desenvolvimento de Recursos Humanos: como incrementar talentos na empresa	Treinamento e Desenvolvimento de Recursos Humanos: como incrementar talentos na empresa (título não sofreu alteração)
Remuneração, Benefícios e Relação de Trabalho: como reter talentos na organização	Remuneração, Benefícios e Relações de Trabalho: como reter talentos na organização

Mas o que seria a Gestão Humana? Em vez de utilizar somente a técnica, como sugere o termo *recursos*, a Gestão Humana vai além: ela busca a valorização das pessoas, seu desenvolvimento e suas competências nas organizações em que atuam. Recursos são administrados pois são inertes, estáticos, padronizados e sem vida própria. Pessoas, não. Elas devem ser engajadas, empoderadas, impulsionadas e lideradas, pois são inteligentes, competentes, ativas e proativas. Assim, as organizações que investem no seu Capital Humano, dando-lhes oportunidades de progresso e avanço intelectual, obterão o melhor de sua gente e, portanto, melhores retornos. Em plena Era Digital, em um mundo altamente flexível, instável e competitivo, as pessoas são para as organizações o principal diferencial para que elas alcancem competitividade, crescimento e sustentabilidade.

Desejamos, portanto, que as obras desta série sirvam de ponto de partida para o desenvolvimento de uma Gestão mais Humana, colaborativa, inclusiva e sustentável.

Idalberto Chiavenato

TÍTULOS DA SÉRIE

A série oferece a literatura fundamental e intensamente atualizada para os especialistas que lidam com a área de RH, para os que lidam com equipes de pessoas em qualquer nível da empresa e para todos que pretendem dedicar-se a essa área fundamental, com o objetivo de alcançar o sucesso organizacional no dinâmico e competitivo mundo atual.

A série é composta pelos seguintes livros:

Administração de Recursos Humanos – Gestão Humana: fundamentos básicos – 9ª edição
Saber lidar com pessoas tornou-se uma responsabilidade pessoal, indelegável e crucial de todos aqueles que ocupam posições executivas ou de liderança.
O livro fornece uma visão abrangente da interação entre pessoas e organizações, a compreensão da dinâmica das organizações, da sua missão e visão de futuro, seu relacionamento com o ambiente externo e a necessidade de competências essenciais para o seu sucesso. Permite a compreensão das pessoas e da variabilidade humana, a necessidade de comunicação e motivação para dinamizar o comportamento humano e novos conceitos sobre o capital humano. Proporciona, ainda, uma visão abrangente da administração de RH como responsabilidade de linha e função de *staff*, suas políticas e objetivos e a íntima conexão entre capital humano e capital intelectual.

Planejamento, Recrutamento e Seleção de Pessoal: como agregar TALENTOS à empresa – 9ª edição
Atrair e agregar talentos significa pensar não somente nas atividades presentes e nas operações cotidianas da empresa, mas principalmente em seus futuro e destino. A obra mostra como funciona o sistema de provisão de recursos humanos em toda a sua extensão e as melhores práticas de planejamento da Gestão Humana (GH) e de recrutamento e seleção de pessoas para atrair talentos e aumentar o capital humano: o patrimônio mais importante de uma empresa moderna.

Desempenho Humano nas Empresas: como desenhar o trabalho e conduzir o desempenho – 8ª edição
Não basta ter pessoas na organização, pois isso não significa necessariamente ter talentos. E também não basta ter talentos: é preciso saber utilizá-los, rumo aos objetivos

pretendidos. Assim, torna-se necessária uma plataforma para esse propósito. Descrever e analisar cargos não é suficiente. Chame de cargos, posições, atividades – ou o nome que queira –, é fundamental saber modelar o trabalho das pessoas (seja individual, seja em equipe) e avaliar o desempenho delas, sem esquecer-se de que desempenho é um meio para alcançar metas e objetivos. Com isso, resultados são alcançados e é agregado valor ao negócio, ao cliente e, sobretudo, ao colaborador.

Desse modo, o livro mostra como funciona o sistema de aplicação de recursos humanos em toda a sua extensão, bem como as melhores práticas de modelagem do trabalho e de avaliação do desempenho humano.

Treinamento e Desenvolvimento de Recursos Humanos: como incrementar TALENTOS na empresa – 9ª edição

Não é suficiente atrair e reter talentos. O conhecimento constitui a moeda mais valiosa no mundo dos negócios, e é preciso que as pessoas aprendam a se atualizar continuamente para darem conta do *gap* de conhecimento que impera nas organizações. A obra mostra como funciona o sistema de desenvolvimento da Gestão Humana (GH) em toda a sua extensão, bem como as melhores práticas para treinar e desenvolver pessoas e organizações. Apresenta também as práticas de educação corporativa, de gestão do conhecimento e das competências para incrementar o capital intelectual da empresa.

Remuneração, Benefícios e Relações de Trabalho: como reter TALENTOS na organização – 8ª edição

Não basta conquistar talentos para a empresa: é preciso saber mantê-los estimulados e ativos. Para isso, a empresa deve se tornar o melhor lugar para se trabalhar. O livro mostra como funciona o sistema de manutenção de recursos humanos em toda a sua extensão, além das melhores práticas de remuneração, de oferta de benefícios e de serviços sociais, e aspectos do ambiente de trabalho e das relações trabalhistas. Trata, ainda, da remuneração variável (baseada em habilidades e competências) e da flexibilização dos benefícios e da previdência privada. Como apoio, aborda as modernas relações trabalhistas atuais.

PREFÁCIO

A Gestão Humana (GH) é uma área extremamente sensível a dois aspectos organizacionais: a estrutura organizacional adotada e a cultura organizacional dominante. Por isso, ela é basicamente contingencial e situacional. Depende do desenho organizacional rígido ou flexível adotado em função da estratégia do negócio. Depende da mentalidade conservadora ou inovadora que existe em cada organização. E, também, do seu estilo de gestão e liderança, dos seus processos internos básicos e das tecnologias utilizadas. Mais ainda, depende também das características do contexto ambiental, do mercado e de outras variáveis importantes. E, acima de tudo, depende das pessoas e dos talentos que nela existem. Em uma era repleta de mudanças, transformações, incertezas, restrições, problemas, ameaças e dificuldades de toda sorte, em que avultam a recessão e o desemprego, a GH torna-se também cada vez mais complexa e desafiante.

O importante é que a GH está passando também por grandes mudanças e inovações. Sobretudo agora, na Era Digital, com a crescente globalização dos negócios e a gradativa exposição à forte concorrência mundial, quando as palavras de ordem passaram a ser produtividade, qualidade e competitividade. Nesse novo contexto, as pessoas deixam de ser o problema das organizações para ser a solução de seus problemas. As pessoas deixam de ser o desafio tradicional para se tornar a vantagem competitiva das organizações que sabem como lidar com elas. As pessoas deixam de ser o recurso organizacional mais importante para se tornarem o parceiro principal do negócio.

Pessoas e organizações convivem em um constante relacionamento: as pessoas dependem de organizações para viver e as organizações dependem de pessoas para existir. Uma interação mútua que permite a coexistência de ambas. Uma questao de mútua sobrevivência e sustentabilidade. Por isso, vivemos em uma sociedade moderna e industrializada na qual dependemos das organizações para nascer, viver e morrer. As organizações sao altamente diferenciadas e requerem de seus participantes determinadas características pessoais em função dos papéis que desempenham; são comunidades sociais deliberadamente criadas com a explícita intenção de alcançar objetivos ou propósitos que as pessoas isoladamente jamais teriam condições de atingir.

Hoje, a GH produz profundos impactos nas pessoas e nas organizações. A maneira de lidar com as pessoas, de buscá-las no mercado, de integrá-las e orientá-las, de fazê-las trabalhar, de desenvolvê-las ou monitorá-las, ou seja, a qualidade da maneira como as pessoas são conduzidas na organização é um aspecto crucial no desempenho e na competitividade organizacional. Este livro constitui uma abordagem introdutória ao que chamamos de subsistema de manutenção de gestão humana. Trata basicamente da remuneração e dos benefícios, aspectos imprescindíveis para manter, engajar e reter talentos na organização. Esta obra é uma modesta contribuição que oferece uma perspectiva moderna à GH nas organizações e à melhoria da qualidade de vida no trabalho.

Idalberto Chiavenato

SUMÁRIO

Capítulo 3
PLANOS DE BENEFÍCIOS SOCIAIS, 63

Capítulo 4
HIGIENE E SEGURANÇA DO TRABALHO, 85

Capítulo 5
RELAÇÕES TRABALHISTAS, 117

Capítulo 6
TENDÊNCIAS NOS PROCESSOS DE MANTER PESSOAS, 147

1 O SISTEMA DE GESTÃO HUMANA

OBJETIVOS DE APRENDIZAGEM

- Compreender os processos de GH.
- Descrever o atual contexto da GH moderna.
- Entender os subsistemas de GH como base da geração dos resultados organizacionais.
- Compreender as competências organizacionais integradas como novo paradigma para a competitividade organizacional.

O QUE VEREMOS ADIANTE

- Os subsistemas da Gestão Humana (GH).
- A organização como um conjunto integrado de competências.

CASO INTRODUTÓRIO

Grupo J.K.

Murilo Mendes foi contratado como novo gestor da área de GH do Grupo J.K. Seu desafio: modernizar a GH, cujo foco ainda estava vinculado ao modelo tradicional de gestão, herdado da Era Industrial. Para realizar a mudança, que não seria pequena – haja vista que envolveria mudar o DNA da organização –, Murilo decidiu se reunir com sua equipe para analisar, em conjunto, a situação atual da área, a fim de situar a GH no negócio do Grupo J.K. e, posteriormente, propor mudanças. Se você fosse um dos funcionários de Murilo, qual(is) seria(m) sua(s) proposta(s) de mudança(s)?

INTRODUÇÃO

Em plena Era do Conhecimento, a base da excelência organizacional passou a ser o elemento humano, e a Era Digital se incumbiu de intensificá-la cada vez mais graças às modernas tecnologias avançadas. A globalização, o intenso desenvolvimento tecnológico e a mudança e a transformação da sociedade fazem com que a capacidade de sobrevivência e excelência das organizações passe cada vez mais a depender forte e diretamente das habilidades e das competências dos talentos que nelas participam ativamente. Em um mundo de negócios caracterizado por mudanças exponenciais, as organizações precisam rápida e decisivamente reorientar seus rumos, mudar processos, modificar produtos e serviços, alterar estratégias, utilizar novas tecnologias emergentes, conhecer as aspirações dos clientes, compreender as armadilhas estratégicas dos concorrentes e saber surfar nas ondas de um mercado dinâmico, mutável e extremamente competitivo. E quem faz tudo isso dentro das organizações? Elas próprias? A tecnologia ajuda, e muito, os recursos financeiros e materiais contam, mas quem toma as decisões? Quem avalia as situações, quem pensa, interpreta, raciocina e age dentro das organizações? Quem visualiza o mercado, atende o cliente e avalia as suas expectativas? Quem introduz inteligência, imaginação, criatividade e inovação? São as pessoas, que pensam, interpretam, avaliam, raciocinam, decidem e agem dentro das organizações. O segredo das organizações bem-sucedidas é saber agregar valores humanos e integrá-los, engajá-los e alinhá-los em suas atividades, além de saber buscar talentos no mercado que tenham condições de ajudar a organização a navegar pelas turbulências dessa nova era. Nesse aspecto, os subsistemas de provisão de GH constituem a fonte inesgotável desses valores e talentos humanos capazes de formar o cérebro, a inteligência e o sistema nervoso da organização moderna.

 Aumente seus conhecimentos sobre **Sistema de Gestão Humana** na seção *Saiba mais* RBRT 1.1

 Acesse conteúdo sobre **O DNA das organizações** na seção *Tendências em GH* 1.1

A GH é uma área extremamente sensível a três aspectos organizacionais: a arquitetura organizacional adotada, a cultura corporativa dominante e o estilo de gestão adotado pelas lideranças. Por isso, a GH é contingencial e situacional. Depende do desenho organizacional adotado em função da estratégia global, da mentalidade que existe em cada organização e do estilo de gestão que presidente, diretores, gestores, supervisores e líderes de equipes adotam. Além disso, depende das características do contexto ambiental, do negócio da organização, de suas características internas, de seus processos básicos e de um sem-número de outras variáveis importantes.

Assim, enfatizamos: a Era da Informação colocou o conhecimento como o mais importante recurso organizacional, e a Era Digital o tornou uma riqueza intangível, invisível e fundamental para o sucesso das organizações. Tudo isso trouxe à tona situações completamente inesperadas. Uma delas é a extraordinária e crescente importância do capital intelectual como riqueza organizacional.

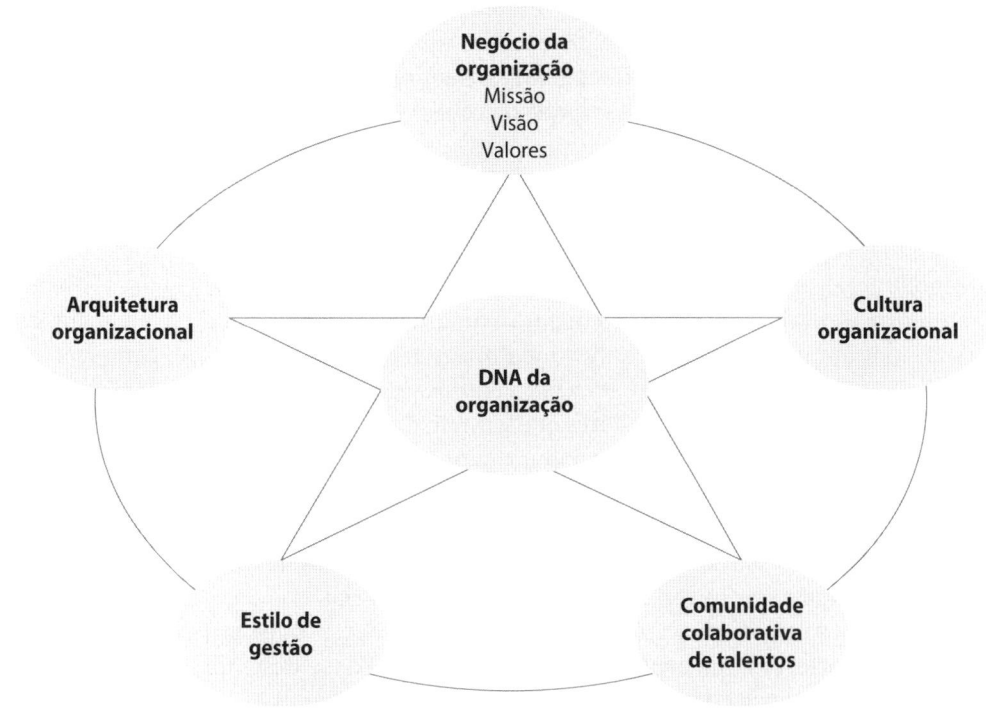

Figura 1.1 O DNA das organizações.

TENDÊNCIAS EM GH

O que é de valor para as organizações

Atualmente, a empresa mais valiosa do mundo não é mais a maior empresa do mundo – nem a General Motors, nem o Walmart –, como se poderia esperar pelo valor extraordinário de seus patrimônios contábeis ou tangíveis. A Microsoft – que ocupa o 161º lugar em termos de faturamento – chegou a ser a empresa com o maior valor de mercado do mundo: hoje, ela vale, em bolsa, mais de 100 vezes o valor de seu ativo tangível. A IBM comprou a Lótus por 15 vezes o seu valor patrimonial. Isso significa que as empresas não valem apenas por seu patrimônio físico ou contábil, mas também pelo valor que seus talentos são capazes de agregar ao seu negócio. É o que ocorre com organizações como Amazon, Apple, Google, Microsoft e todas aquelas cujo valor de mercado decolou às alturas. Afinal, estamos na Era do Capital Intelectual.

O trabalhador braçal está cada vez mais se tornando um trabalhador intelectual. Essa forte migração do trabalho manual e físico para a atividade cerebral e intelectual faz com que a seleção e a constante formação e capacitação das pessoas estejam em primeiro lugar nas prioridades das organizações. A importância do trabalhador intelectual – *knowledge worker*, capaz de trabalhar com a cabeça e participar ativa e proativamente na condução dos negócios da empresa – é o divisor de águas entre as empresas bem-sucedidas e aquelas que ainda pretendem sê-lo. O capital intelectual significa inteligência competitiva e representa um ativo intangível que a contabilidade moderna tem dificuldade de manipular por meio de seus procedimentos tradicionais. Um ativo intangível que reside na cabeça das pessoas: são elas que aprendem e adquirem o conhecimento e, a partir daí, percebem, pensam, interpretam, raciocinam, tomam decisões e agem dentro das empresas. Mais do que isso: são as pessoas que criam novos produtos e serviços, visualizam a concorrência, melhoram os processos internos e encantam os clientes. São elas que dão vida, emoção, razão e ação para as organizações.

De modo geral, a competitividade e a sustentabilidade das organizações, agora, dependem do conhecimento que as pessoas trazem para a organização. E nada mais esclarecedor, criativo, inovador e mutável do que o conhecimento. O segredo das organizações bem-sucedidas é saber consolidar, compartilhar e reciclar o conhecimento entre os seus talentos; treinar, preparar e desenvolver os colaboradores que tenham condições permanentes de lidar com a mudança e a inovação, de criar e proporcionar valor à organização e aos públicos estratégicos e, sobretudo, de mantê-la sempre eficiente, eficaz e competitiva em um mundo globalizado, mutável, caótico e exponencial. Nesse aspecto, o Subsistema de Provisão de GH constitui a fonte inesgotável desses valores e talentos humanos capazes de formar a inteligência, o cérebro e o sistema nervoso central da organização moderna.

Em uma era repleta de mudanças, incertezas, restrições, problemas, ameaças e dificuldades de toda sorte, em que avultam a inflação, a recessão e o desemprego, a GH se torna cada vez mais complexa e desafiante.

Entretanto, o importante é que a área de GH está passando também por grandes mudanças e inovações, sobretudo agora, com a crescente globalização dos negócios e a gradativa exposição à forte concorrência mundial, quando as palavras de ordem passaram a ser "produtividade", "qualidade" e "competitividade". Nesse novo contexto, as pessoas deixam de ser o problema das organizações para ser a solução de seus problemas. As pessoas deixam de ser o desafio tradicional para tornar-se a vantagem competitiva das organizações que sabem como lidar com elas e levá-las ao sucesso. As pessoas deixam de ser o recurso organizacional mais importante para tornar-se o parceiro principal do negócio da organização.

TENDÊNCIAS EM GH

Robôs

As máquinas inteligentes podem complementar a inteligência humana no consórcio entre seres humanos e robôs inteligentes, atuando em redundância e ajuda colaborativa por meio da inteligência artificial. A imagem popular a respeito dos robôs não é lá muito positiva. Contudo, os robôs – especialmente aqueles superinteligentes – provavelmente serão bem-vindos. O futuro o dirá, quando houver um aumento na extraordinária capacidade da futura força de trabalho. O que é certo é que a combinação do ser humano com a inteligência artificial implicará uma profunda mudança na estrutura de nossas organizações e da futura força de trabalho. Essa estreita integração entre talentos e máquinas implicará profundamente nas novas características da provisão de GH, que deverá contar com ambos.

1.1 SUBSISTEMAS DE GH

A GH deve ser abordada como um sistema holístico e integrado. Nessa abordagem sistêmica, a GH é um sistema composto de cinco subsistemas, conforme ilustrado na Figura 1.2.

Figura 1.2 GH e seus subsistemas.[1]

Esses cinco subsistemas básicos da GH estão explicados no Quadro 1.1.

Quadro 1.1 Os cinco subsistemas básicos de GH

Subsistema	Objetivo	Atividades envolvidas
Provisão	Quem irá trabalhar na organização	■ Pesquisa de mercado de GH ■ Recrutamento de pessoas ■ Seleção de pessoas ■ Máquinas inteligentes
Aplicação	O que as pessoas farão na organização	■ Integração de pessoas ■ Integração de máquinas e pessoas ■ Desenho de cargos ■ Descrição e análise de cargos ■ Gestão do desempenho
Manutenção	Como manter as pessoas na organização	■ Remuneração e compensação ■ Benefícios e serviços sociais ■ Higiene e segurança do trabalho ■ Relações sindicais
Desenvolvimento	Como preparar e desenvolver pessoas	■ Treinamento ■ Desenvolvimento organizacional
Monitoração	Como saber o que são e o que fazem as pessoas	■ Banco de dados ■ Sistemas de informação ■ Balanço social

Esses cinco subsistemas relacionados com atrair, aplicar, reter, desenvolver e monitorar talentos estão intimamente relacionados e fazem parte de um sistema maior: a GH. Todos eles precisam estar integrados e balanceados para que o resultado global do sistema maior seja aumentado e expandido. O resultado global aumenta à medida que todos os subsistemas estejam perfeitamente articulados e sintonizados entre si, cada um influenciando positivamente os demais para gerar sinergia. Cada um desses subsistemas envolve os tópicos elencados no Quadro 1.2.

Quadro 1.2 Principais tópicos abrangidos pelos subsistemas de GH

Subsistemas	Tópicos abrangidos
Provisão	■ Planejamento de GH ■ Recrutamento de pessoal ■ Seleção de pessoal ■ Máquinas inteligentes
Aplicação	■ Integração de pessoas ■ Integração de máquinas e pessoas ■ Descrição e análise de cargos ■ Gestão do desempenho humano
Manutenção	■ Compensação ■ Benefícios sociais ■ Higiene e segurança ■ Relações sindicais
Desenvolvimento	■ Treinamento e desenvolvimento de pessoas ■ Desenvolvimento organizacional
Monitoração	■ Banco de dados e sistemas de informação ■ Auditoria de GH

Os cinco subsistemas formam um processo global e dinâmico por meio do qual as pessoas são captadas e atraídas, aplicadas em suas tarefas, mantidas na organização, desenvolvidas e monitorizadas pela organização. O processo global nem sempre apresenta essa sequência, devido à íntima interação entre os subsistemas e pelo fato de eles não estarem relacionados entre si de uma única e específica maneira. Eles são contingentes ou situacionais, variam conforme a organização e dependem de fatores ambientais, organizacionais, humanos, tecnológicos etc. São extremamente variáveis e, embora interdependentes, o fato de um deles mudar ou desenvolver-se em certa direção não significa que os outros mudem ou se desenvolvam exatamente na mesma direção e na mesma medida.

Na prática, os cinco subsistemas podem ser avaliados em um *continuum*, que vai desde uma abordagem tradicional (de subdesenvolvimento, na direita) até uma abordagem moderna (de superdesenvolvimento, na esquerda). Quando os subsistemas de GH são tratados tradicionalmente, eles mostram aspectos ultrapassados e obsoletos que merecem correções. E quando são desenhados adequadamente, eles se identificam com certos aspectos orgânicos e proativos que conduzem a área a níveis de excelência.

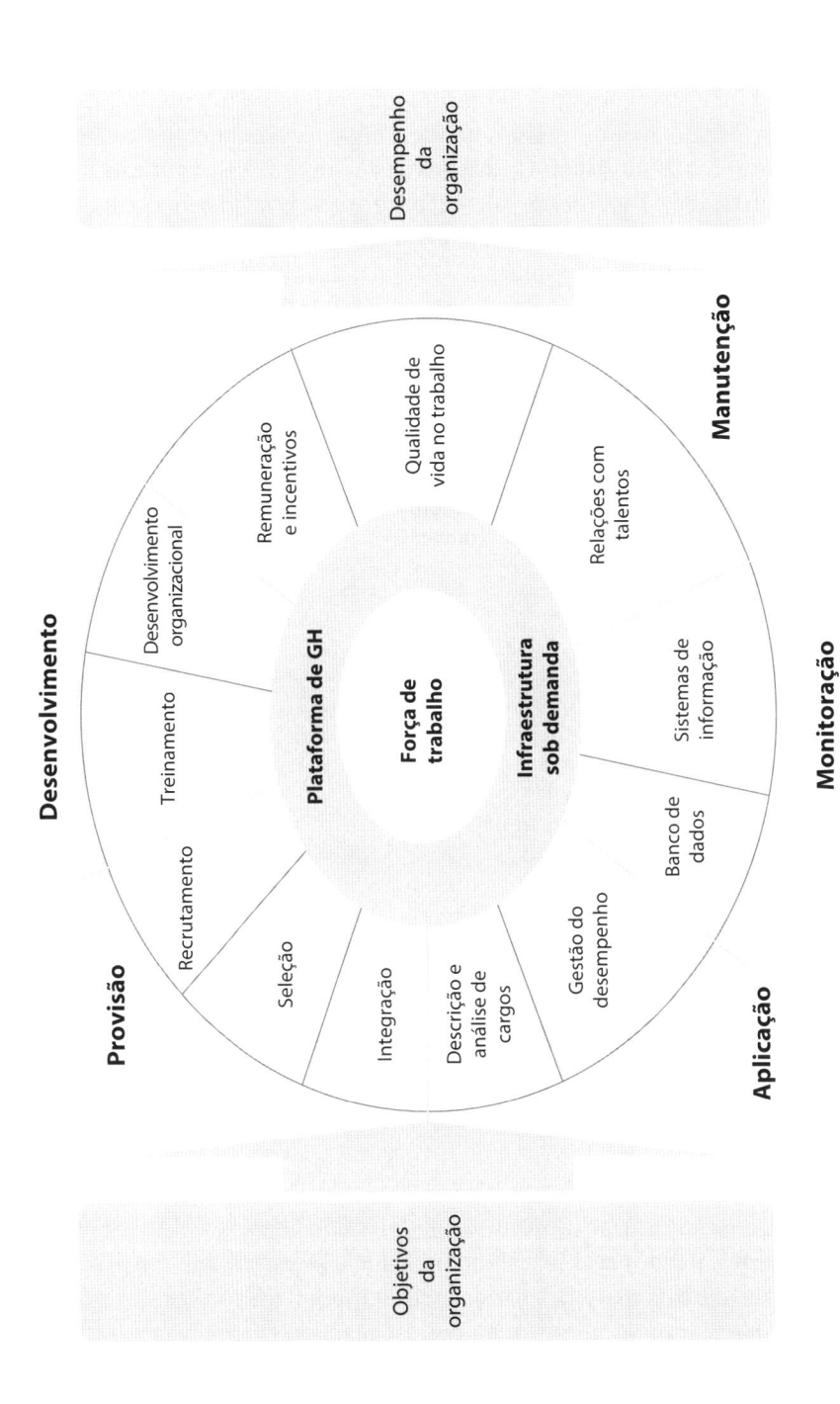

Figura 1.3 Uma nova visão da GH.

Embora seja desejável a uniformidade de critérios na condução de cada um dos subsistemas de GH, o que ocorre na prática é que muitas organizações ou executivos da área privilegiam alguns subsistemas em detrimento de outros, provocando desníveis ou assimetrias entre eles e até a perda dos efeitos de sinergia em função do seu tratamento conjunto. Como os subsistemas de GH variam em um *continuum*, que vai desde um modo precário, rudimentar e subdesenvolvido até um modo refinado, sofisticado e superdesenvolvido, o ideal seria a migração de todos os subsistemas para a extrema direita desse *continuum*, ou seja, no modo refinado, sofisticado e superdesenvolvido, para que as políticas e os procedimentos de GH sejam não apenas balanceados e compatíveis entre si, mas, sobretudo, bem formulados e fundamentados, como mostra a Figura 1.4.

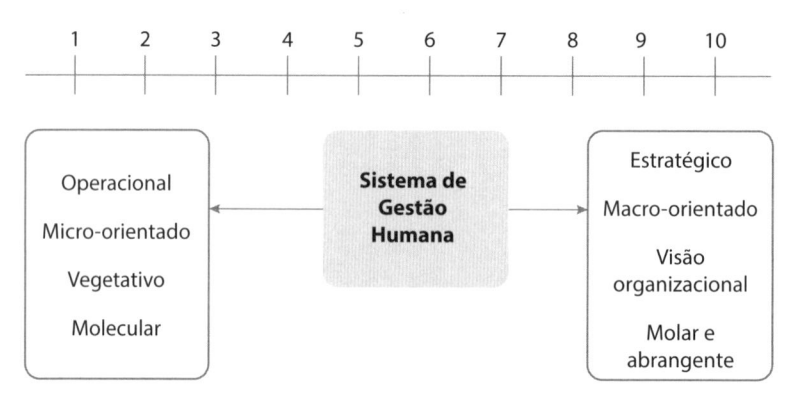

Figura 1.4 O *continuum* do Sistema de GH.

VOLTANDO AO CASO INTRODUTÓRIO

Grupo J.K.

Com o objetivo de situar a área de GH no negócio do Grupo J.K., Murilo Mendes iniciou uma série de mudanças. Apesar de a área de GH realizar com excelência suas atividades operacionais, no mundo contemporâneo e digital, isso não basta. A competitividade vem por meio da qualidade e da produtividade dos colaboradores e de seu engajamento com o DNA da organização, e não somente dos processos e dos equipamentos. Nesse contexto, Murilo deveria buscar uma visão estratégica para o Sistema de GH, além de almejar o equilíbrio entre seus processos. Se você fosse Murilo Mendes, o que faria?

Toda organização procura alcançar resultados globais do negócio, como valor econômico agregado, crescimento, maior participação no mercado e lucratividade. Esses são, em geral, os objetivos organizacionais mais almejados, nem sempre bem conhecidos pelos executivos de GH. Para alcançá-los, a organização precisa de clientes, para servi-los, atendê-los e satisfazê-los adequadamente. Afinal, são os clientes que garantem os resultados globais do negócio. Sem eles, nada feito. Para conquistar clientes, a organização precisa dispor de processos internos – como produtividade, qualidade e inovação – como impulsionadores do negócio. Esses impulsionadores dependem, por sua vez, de competências organizacionais;

elas decorrem das competências do capital humano, como conhecimento, habilidades, competências, atitudes, comprometimento, adaptabilidade e flexibilidade, desempenho e foco em resultados. Para alcançar e consolidar tais competências do capital humano, *são necessários subsistemas de GH, como prover, aplicar, manter,* desenvolver e monitorar pessoas, como vimos anteriormente.

Na verdade, trata-se de uma relação de causa e efeito de caráter sinérgico. Fazendo uma engenharia reversa, são necessários processos de GH para proporcionar competências do capital humano, as quais permitem desenvolver os impulsionadores do negócio – como produtividade, qualidade e inovação –, que melhoram e catapultam os processos internos para servir ao cliente e proporcionar os resultados globais do negócio. O *Balanced Scorecard* (BSD) da Figura 1.5 permite uma visão condensada dessa relação causal.

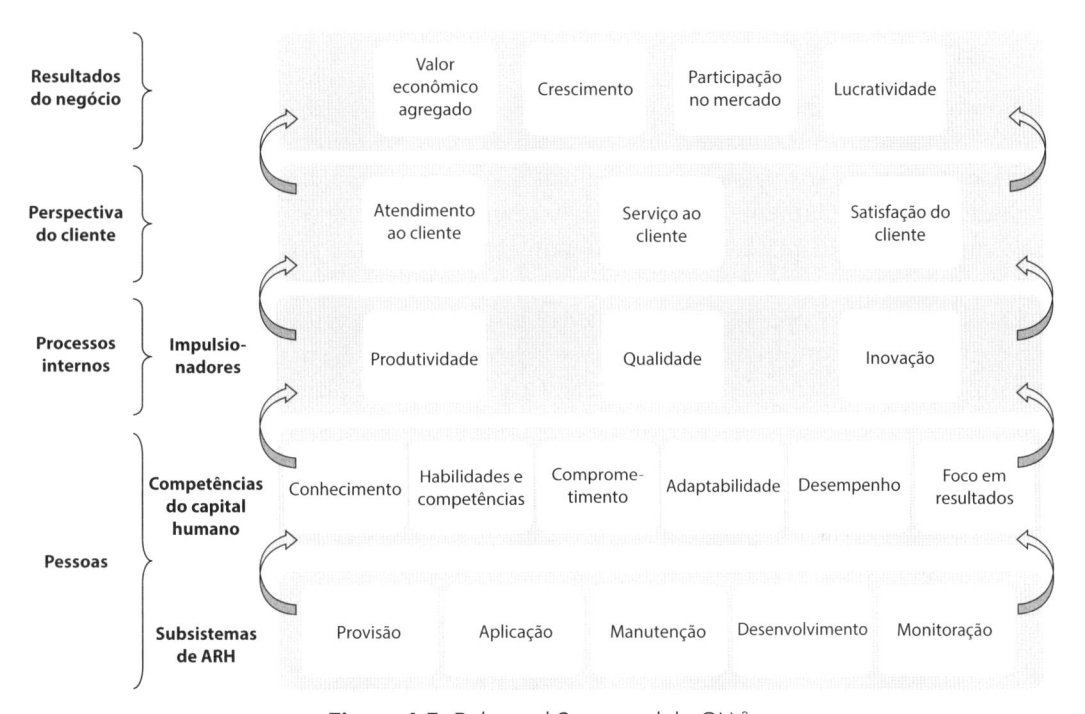

Figura 1.5 *Balanced Scorecard* de GH.[2]

Assim, a base fundamental para o alcance de resultados do negócio reside nos subsistemas de GH que cada organização é capaz de criar e utilizar. Para avaliar a GH, é necessário percorrer os indicadores de sua eficiência e eficácia:

- **Resultados do negócio**: são medidas do desempenho organizacional, análises financeiras, EVA, participação no mercado, lucratividade. Servem para indicar como a organização está sendo bem-sucedida em seus negócios. São os indicadores de resultado final.

- **Impulsionadores de desempenho**: são medidas de resultados intermediários, como produtividade, qualidade, inovação e satisfação do cliente. Os resultados finais do negócio são alcançados por meio do desempenho organizacional. São indicadores dos resultados intermediários que permitem o alcance dos resultados finais.

- **Competências humanas**: resultam do capital humano da organização e consistem das qualidades mais imediatas e visíveis – incluindo atitudes e habilidades – que são necessárias para alcançar resultados críticos do negócio. São as competências que conduzem aos resultados intermediários, que promovem o alcance dos resultados finais.

- **Sistema de GH**: consiste de práticas que conduzem a um forte e eficaz aumento do capital humano da organização. Envolve a conjugação dos subsistemas de GH, como provisão, aplicação, manutenção, desenvolvimento e monitoração da gestão humana. Permite o aumento e a consolidação das competências humanas da organização.

Neste livro, abordaremos o Subsistema de Provisão de GH. Os demais subsistemas são abordados nos outros livros desta coleção, dedicada à GH.

1.2 ORGANIZAÇÃO COMO UM CONJUNTO INTEGRADO DE COMPETÊNCIAS

Durante toda a Era Industrial, as organizações eram entendidas como conjuntos articulados e integrados de recursos – humanos, financeiros, materiais, tecnológicos etc. –, no sentido de alcançar objetivos organizacionais. Esse conceito perdurou até o final do século passado e foi perfeitamente adequado para a época. Atualmente, na Era da Informação, esse conceito perdeu a vitalidade. Atualmente, as organizações são entendidas como conjuntos integrados e articulados de competências sempre atualizadas e prontas para serem aplicadas a qualquer oportunidade que surja, antes que os concorrentes o façam. E aí vem a pergunta: Onde foram parar os recursos? Hoje, eles não fazem mais parte do DNA da organização. Eles fazem parte da infraestrutura, da base, da plataforma em que atuam as competências. É que os recursos quase sempre são físicos e materiais, são coisas estáticas e sem vida, enquanto as competências são ativas e proativas, inteligentes e flexíveis. Essa é a razão pela qual a denominação *Recursos Humanos* está sendo criticada. Pessoas são pessoas e não simples recursos ou propriedades da organização. Recursos são mercadorias que podem ser compradas ou alugadas no mercado. Pessoas são seres vivos e inteligentes. Tratar pessoas como recursos é uma questão típica da Era Industrial. Essa era *não morreu*, nem desaparecerá, mas seus princípios e valores estão sendo substituídos por princípios e valores de uma nova era em que estamos vivendo: a Era da Informação. Por essa razão, em todas as obras desta série, alteramos a denominação *Recursos Humanos* para *Gestão Humana*, pois pessoas não são recursos ou *commodities* que devem ser tratados como coisas uniformes e padronizadas, mas como personalidades diferentes cheias de vida, aspirações e sonhos que precisam ser realizados.

O Recursos Humanos (RH) tradicional estava – ou ainda está – focado no conceito de cargo, uma decorrência do velho modelo burocrático. Todos os seus processos básicos estavam centrados no cargo: recrutar e selecionar para preencher cargos vagos, remunerar de acordo com a avaliação e a classificação dos cargos, treinar para preparar as pessoas para ocupar os cargos, avaliar em função do desempenho nos cargos, e assim por diante. Parece até que o RH funcionava unicamente em função dos cargos existentes na organização. Para tanto, ele descrevia e analisava cargos para poder moldar e translatar os processos de recrutamento, seleção, treinamento, administração de salários, avaliação do desempenho etc. Hoje, as organizações estão mudando radicalmente essa situação. Elas estão migrando rapidamente do velho conceito de cargo para conceitos novos, como trabalho em equipe (em vez do trabalho isolado e solitário) e a noção de competências organizacionais (como base para a competitividade organizacional). Em muitas partes deste livro, em que se cita a palavra *cargo*, ela pode ser traduzida para a nova versão de competência ou de equipe.

Visualizando a Figura 1.6, as competências essenciais para o sucesso de uma organização (que permitem garantir suas características de competitividade, liderança no mercado, oferta de valor ao cliente e imagem e reputação) precisam ser desdobradas em competências funcionais (distintas para cada área de atividade da organização), enquanto essas precisam ainda ser desdobradas em competências gerenciais (necessárias para o exercício de liderança das equipes) e em competências individuais das pessoas. Não se trata mais de preencher cargos, mas dotar a organização de competências que lhe proporcionem vantagem competitiva e inovação.

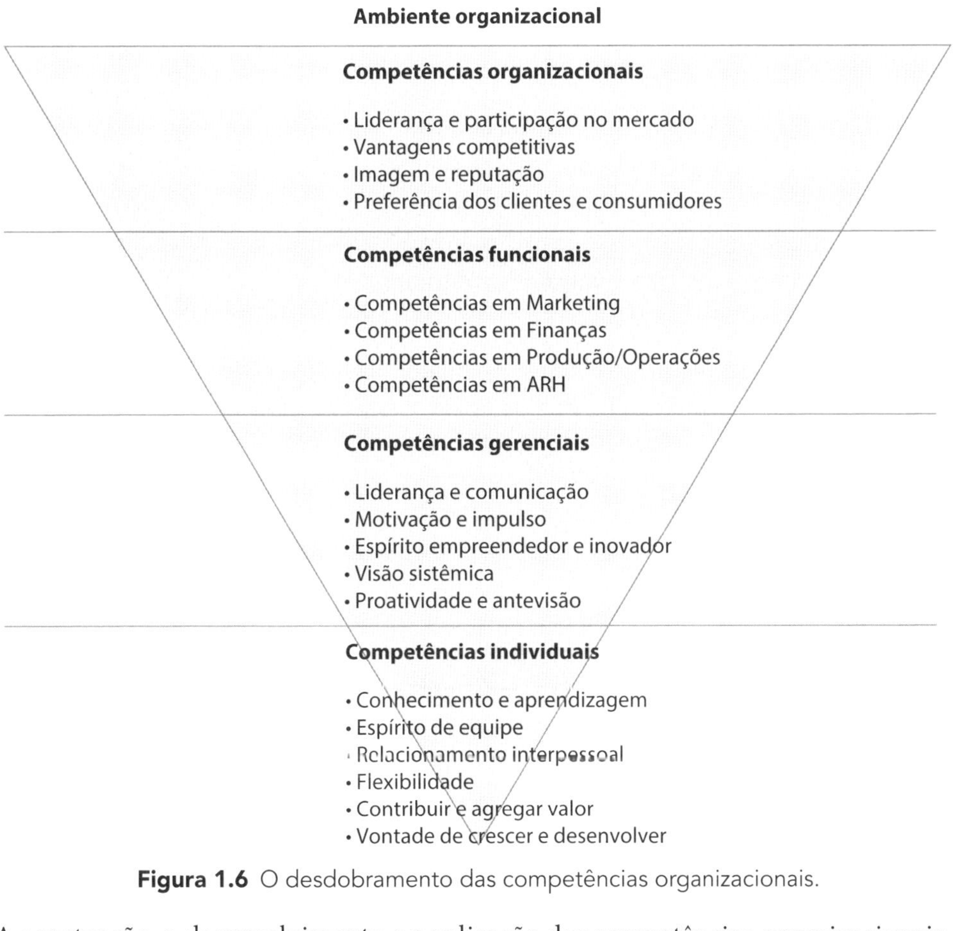

Ambiente organizacional

Competências organizacionais

- Liderança e participação no mercado
- Vantagens competitivas
- Imagem e reputação
- Preferência dos clientes e consumidores

Competências funcionais

- Competências em Marketing
- Competências em Finanças
- Competências em Produção/Operações
- Competências em ARH

Competências gerenciais

- Liderança e comunicação
- Motivação e impulso
- Espírito empreendedor e inovador
- Visão sistêmica
- Proatividade e antevisão

Competências individuais

- Conhecimento e aprendizagem
- Espírito de equipe
- Relacionamento interpessoal
- Flexibilidade
- Contribuir e agregar valor
- Vontade de crescer e desenvolver

Figura 1.6 O desdobramento das competências organizacionais.

A construção, o desenvolvimento e a aplicação das competências organizacionais – e, consequentemente, das competências funcionais, gerenciais e individuais – impõem um tratamento integrado ao Sistema de GH como um todo, no sentido de oferecer resultados, como mostra a Figura 1.7.

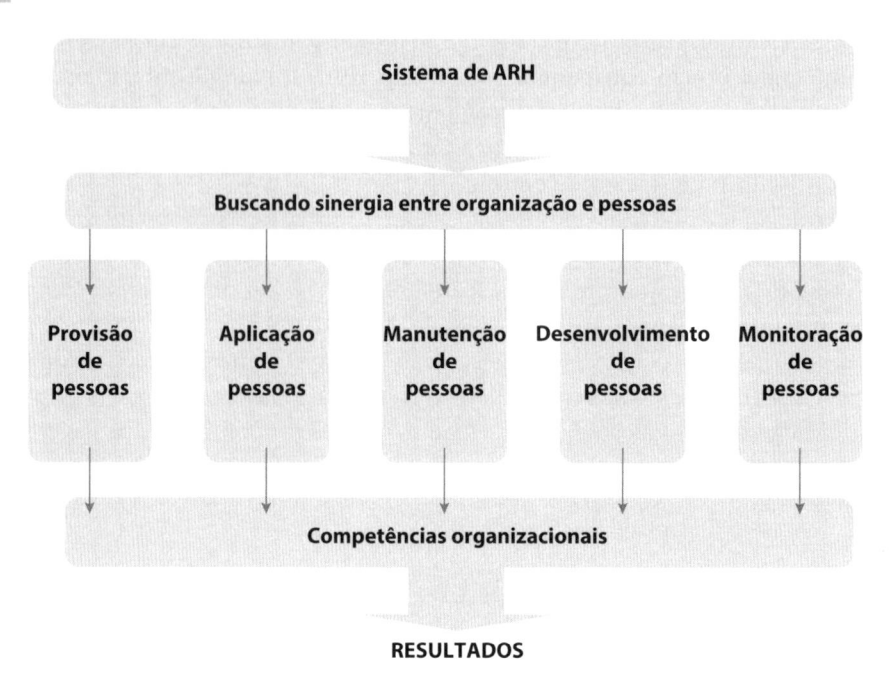

Figura 1.7 O Sistema de GH em busca de resultados.

VOLTANDO AO CASO INTRODUTÓRIO

Grupo J.K.

Murilo Mendes iniciou seu processo de mudanças na GH do Grupo J.K. Todavia, ele percebeu que muito deveria ser feito para que a organização fosse mais competitiva. Um dos diagnósticos realizados por Mendes, por exemplo, foi a resistência em mudar o conceito tradicional e burocrático sobre cargos. Mendes pretende modificar a gestão tradicional de cargos, transformando-a em uma gestão por competências dentro do ambiente organizacional. O que você faria se estivesse no lugar de Mendes?

Contudo, a construção das competências organizacionais passa necessariamente pelo Subsistema de Provisão de GH. É por aí que ingressam os talentos que irão fazer parte da organização e por onde se planta e se cria o futuro dela. Ou seja, aquilo que a organização será no amanhã a partir dos talentos que hoje ingressam nela.

PARA REFLEXÃO

Assimetria nos subsistemas

O ideal seria que os subsistemas de GH trabalhassem em um formato uniforme. Todavia, percebemos que, em muitas organizações, alguns executivos ou gestores de

GH privilegiam um em detrimento de outros, gerando assim desníveis. Essa assimetria pode gerar subsistemas que vão desde a precariedade até o refinado. O ideal é que exista um equilíbrio e que todos atuem em um modelo refinado, ou seja, do operacional (micro-orientado) para o estratégico (macro-orientado). Na organização em que você trabalha, como os subsistemas são tratados? Você percebe que existe privilégio de um dos subsistemas em detrimento de outros? Se sim, quais efeitos você considera que são resultantes desse desequilíbrio? Quem é (são) o(s) responsável(eis) por esse desequilíbrio?

RESUMO

O recurso mais importante da organização não é mais o capital financeiro, a tecnologia, as máquinas, os equipamentos e as instalações, nem o seu produto ou serviço. Tudo isso é consequência de um recurso maior e mais importante: as competências essenciais. E onde elas estão localizadas? Quase sempre elas residem nas pessoas. Porém, para que as pessoas aprendam, construam e apliquem essas competências, torna-se necessário um adequado Sistema de GH.

O Sistema de GH precisa necessariamente atuar como um sistema integrado e coordenado de cinco subsistemas:

1. Subsistema de Provisão de GH.
2. Subsistema de Aplicação de GH.
3. Subsistema de Manutenção de GH.
4. Subsistema de Desenvolvimento de GH.
5. Subsistema de Monitoração de Pessoas.

Todos esses subsistemas devem funcionar como vasos comunicantes e em íntima conexão para que o sistema que os contêm possa produzir sinergia e resultados excelentes.

É o Sistema de GH que permite transformar uma organização tradicional e baseada em recursos (financeiros, físicos, materiais etc.) em uma organização focada no futuro e baseada em competências essenciais para o seu sucesso. Essa passagem do físico e do tangível para o invisível, o intangível e o virtual está marcando fortemente a GH como um componente estratégico nas organizações atuais.

TÓPICOS PRINCIPAIS

Era do conhecimento	Subsistema de aplicação
Competitividade	Competência individual
Era Digital	Subsistema de manutenção
Competência organizacional	DNA organizacional
Era Industrial	Subsistema de desenvolvimento

Competência funcional	Competências essenciais
Subsistema de provisão	Subsistema de monitoração
Competência gerencial	

QUESTÕES PARA DISCUSSÃO

1. Explique por que a GH moderna **é** contingencial e situacional.
2. Quais aspectos diferenciam os trabalhadores da Era Industrial dos trabalhadores da Era Digital?
3. Leia a frase e, em seguida, responda.

   "[...] as pessoas deixam de ser o desafio tradicional para tornar-se a vantagem competitiva das organizações [...]."

   Qual o papel da GH moderna nessa transformação?
4. Explique os cinco subsistemas da GH.
5. Os subsistemas da GH são independentes? Justifique sua resposta.
6. Quando um subsistema muda, os demais também mudam? Justifique sua resposta.
7. Explique os indicadores de eficiência e eficácia para avaliar a GH.
8. Explique o conceito de conjunto integrado de competências.
9. Ao observarmos a Figura 1.6, podemos afirmar que, em ordem descendente, as competências possuem um caráter que vai do estratégico para o operacional? Justifique sua resposta.

REFERÊNCIAS

1. CHIAVENATO, I. *Recursos Humanos*: o capital humano das organizações. 11. ed. São Paulo: Atlas, 2020.
2. KAPLAN; R. S.; NORTON, D. P. *Organização orientada para a estratégia*: como as empresas que adotam o Balanced Scorecard prosperam no novo ambiente de negócios. Rio de Janeiro: Campus, 2001.

2 REMUNERAÇÃO

OBJETIVOS DE APRENDIZAGEM

- Identificar as contribuições e as expectativas dos *stakeholders* na cadeia produtiva.
- Compreender o conceito da compensação direta e indireta no processo da Gestão Humana (GH).
- Caracterizar os diferentes conceitos de salário e seu composto (*wage mix*).
- Entender a gestão de salários para a manutenção do equilíbrio salarial interno e externo.
- Compreender as vantagens e as fragilidades dos métodos de avaliação de salários.
- Explicar a pesquisa salarial como instrumento de análise para o equilíbrio salarial interno e externo.
- Compreender o desenho de remuneração como instrumento estratégico.
- Entender os conceitos e a aplicabilidade da remuneração variável e por competências.

O QUE VEREMOS ADIANTE

- Caráter multivariado do salário.
- Conceito de gestão de salários.
- Avaliação e classificação de trabalhos.
- Métodos de avaliação de trabalhos.
- Pesquisa salarial.
- Desenho de sistemas de remuneração.
- Política salarial.
- Organizações sem cargos definitivos.
- Decorrências dos salários.
- Remuneração variável.
- Estruturas salariais baseadas em habilidades.
- Estruturas salariais baseadas em competências.

CASO INTRODUTÓRIO
O desafio da remuneração na GerSoft

Geraldo fundou a GerSoft há poucos anos. Percebeu uma oportunidade para desenvolver aplicativos para micro e pequenas empresas. Além dos aplicativos, oferece serviço de postagem nas redes sociais para os pequenos empreendedores, que possuem dificuldades nesse meio. Geraldo somente não se atentou para a lei da oferta e da procura no mercado de trabalho. Nesse ambiente de alta tecnologia, existe uma escassez de talentos, mas alta procura por esses profissionais. A empresa cresceu, mas está com grandes dificuldades de atrair profissionais talentosos para seu processo de recrutamento e seleção. Além disso, está perdendo bons profissionais para os concorrentes. Será que basta aumentar a proposta salarial para resolver o problema? O que você sugere para Geraldo?

INTRODUÇÃO

A atividade organizacional em geral e a atividade empresarial em particular podem ser visualizadas como um processo de conversão de vários recursos e competências em um sistema integrado para criar valor e riqueza e proporcionar saídas ou resultados. O processo de conversão envolve uma combinação ótima de entradas, como capital, tecnologia, matérias-primas, competências e esforço humano etc., em um conjunto de trabalho para produzir um resultado desejado no sentido de alcançar determinados objetivos.

O elemento humano é parte integrante e fundamental dessa atividade, pois dentre os vários recursos utilizados é o único que dispõe de vida, inteligência e dinamismo. Porém, esse processo de conversão é ainda mensurado e avaliado de maneira simplista, quantitativa e quase sempre segmentada e parcelada.

2.1 OS PÚBLICOS ESTRATÉGICOS DA ORGANIZAÇÃO

Do ponto de vista dos economistas, quando os três fatores de produção – recursos naturais, dinheiro aplicado e trabalho – são reunidos e combinados adequadamente por uma inteligente administração, cria-se mais riqueza, valor ou capital. Esse fenômeno sinérgico – também denominado emergente sistêmico – é uma característica ímpar dos sistemas sociais. O valor e a riqueza que assim se cria são geralmente repartidos entre os públicos estratégicos ou interessados (*stakeholders*): uma parte, em forma de custo, passa aos fornecedores de insumos, matérias-primas ou equipamentos, aos proprietários de máquinas, equipamentos ou edifícios alugados; outra, em forma de dividendos, àqueles que forneceram o capital de participação ou de risco para o negócio; outra, em forma de juros, àqueles que emprestaram o dinheiro à organização como capital de giro; enfim, outra parte, em forma de salários, aos executivos e colaboradores e encargos sociais e previdenciários. Cada recurso produtivo tem o seu custo e benefício. Seu investimento e retorno. Sua entrada e saída.

Na realidade, todo processo produtivo somente se torna viável com a participação conjunta de diversos *stakeholders*, cada qual contribuindo com algum investimento, esforço ou recurso. Os fornecedores contribuem com matérias-primas, serviços, tecnologias, edifícios ou bens alugados etc. Os investidores e acionistas contribuem com capital e créditos que possibilitam a aquisição de outros recursos. As pessoas que trabalham na empresa contribuem com seus conhecimentos, capacidades e competências. Os clientes contribuem para a organização adquirindo os seus bens ou serviços e pagando por eles. Cada um desses parceiros (*stakeholders*) da organização contribui ou investe com algo na expectativa de obter um retorno pela sua contribuição ou investimento. Assim, todos os *stakeholders* são indispensáveis para o sucesso do negócio da organização, que não pode perder a contribuição de cada um deles, sob pena de sofrer enormes prejuízos.

Na realidade, todo processo produtivo somente se torna viável com a participação conjunta de diversos parceiros, cada qual contribuindo com algum esforço ou recurso. Os fornecedores contribuem com matérias-primas, equipamentos, serviços, tecnologias, edifícios ou bens alugados etc. Os acionistas e investidores contribuem com capital

Aumente seus conhecimentos sobre **As expectativas dos *stakeholders*** na seção *Saiba mais* RBRT 2.1

e créditos que possibilitam a aquisição de outros recursos. As pessoas que trabalham na empresa contribuem com seus conhecimentos e competências e recebem remuneração. Os clientes contribuem para a organização adquirindo seus bens ou serviços pagando por eles. Cada um desses parceiros da organização contribui com algo na expectativa de obter um retorno por sua contribuição ao negócio da organização. Daremos o nome de *stakeholders* a todos esses parceiros. Assim, temos *stakeholders* internos e externos, conforme sua posição (diretos e indiretos) e seu relacionamento com o negócio da organização. Observe a Figura 2.1.

Todavia, esse foco assimétrico no acionista e no consumidor está sendo modernamente substituído por uma visão integrada envolvendo todos os demais *stakeholders* do negócio, já que todos são indispensáveis para o seu sucesso. A organização passa a oferecer retornos proporcionais de acordo com a importância, ou prioridade, de cada *stakeholder* ou de acordo com o valor do seu investimento aplicado no seu negócio.

Contudo, o parceiro interno e mais direto e mais próximo da organização são as pessoas que nela trabalham: o presidente, diretores, gerentes, supervisores e colaboradores. Boa parte da riqueza gerada pela organização passa a eles sob a forma de salários, prêmios, benefícios sociais e demais encargos decorrentes.

Um dos aspectos mais importantes da filosofia de cada organização é o que se relaciona com a política de remuneração, e o nível de salários é o elemento essencial tanto na posição competitiva da organização no mercado de trabalho quanto nas relações da organização com os seus próprios colaboradores.

2.2 CARÁTER MULTIVARIADO DA REMUNERAÇÃO

Compensação é a área que lida com a recompensa que cada indivíduo recebe como retorno pela execução de tarefas organizacionais. Basicamente, é uma relação de intercâmbio entre as pessoas e a organização. Cada colaborador transaciona com o seu trabalho para obter da organização as recompensas financeiras e não financeiras que espera receber.

Stakeholders:	Investem e contribuem com:	Esperam retornos e satisfações em:
• Acionistas • Proprietários } Shareholders • Investidores	Capital de risco e investimentos	Lucros, dividendos e sustentabilidade no longo prazo
• Clientes • Consumidores • Usuários	Aquisição de bens e serviços	Produtos e serviços com qualidade, preço, atendimento e satisfação
• Fornecedores • Prestadores de serviços • Concessionários	Insumos em geral, matérias-primas, serviços e tecnologias	Atividade econômica, novos negócios e lucros
• Presidente • Diretores • Gestores	Competências e administração dos negócios	Participação nos resultados do negócio
• Colaboradores	Competências, dedicação e tarefas operacionais	Salários, benefícios, retribuições, satisfação, desenvolvimento, segurança e bem-estar
• Comunidade • Vizinhança	Espaço físico e social e infraestrutura imediata	Sustentabilidade econômica, social, cultural e ambiental
• Sociedade • Mercado de organizações • Agências reguladoras	Ambiente salutar de negócios	Satisfação de necessidades sociais, econômicas, culturais e ambientais
• Governo	Infraestrutura de apoio, saúde, educação, segurança etc.	Impostos, contribuições, desenvolvimento econômico, competitividade global

Figura 2.1 Os *stakeholders* da organização.[1]

A compensação financeira ou remuneração pode ser:

■ **Direta**: consiste no pagamento que cada colaborador recebe na forma de salários, bônus, prêmios e comissões. O salário representa o elemento mais importante, pois é a retribuição em dinheiro ou equivalente paga pelo empregador ao colaborador em função do trabalho que ele exerce e dos serviços que presta durante determinando período de tempo. O salário pode ser direto ou indireto. O direto é aquele percebido exclusivamente como contraprestação do serviço no trabalho exercido. No caso dos colaboradores que ganham pelas horas trabalhadas (horistas), corresponde ao número de horas efetivamente trabalhadas no mês (excluindo-se o descanso semanal remunerado). No caso dos mensalistas, corresponde ao salário mensal percebido.

■ **Indireta**: é o salário indireto decorrente de cláusulas da convenção coletiva do trabalho e do plano de benefícios e serviços sociais oferecido pela organização. Ele inclui: férias, gratificações, gorjetas, adicionais (de periculosidade, insalubridade, adicional noturno, adicional de tempo de serviço etc.), participação nos resultados, horas extraordinárias, bem como o correspondente monetário dos serviços e benefícios sociais oferecidos pela organização (como alimentação subsidiada, transporte subsidiado, seguro de vida em grupo etc.). A soma do salário direto e do salário indireto constitui a remuneração. Assim, a remuneração abrange todas as parcelas do salário direto, como todas as decorrências do salário indireto. Em outros termos, a remuneração constitui tudo quanto o colaborador aufere direta ou indiretamente como consequência do trabalho que ele desenvolve na organização. Assim, remuneração é gênero e salário é espécie. As recompensas não financeiras – embora não monetárias, como orgulho de pertencer, satisfação no trabalho, autoestima, reconhecimento e segurança no emprego – afetam profundamente a satisfação das pessoas com o sistema de compensação oferecido pela organização.

Assim, damos o nome de **compensação** ao sistema de incentivos e recompensas que a organização estabelece para remunerar e recompensar as pessoas que nela trabalham. Dessa maneira, a compensação envolve a remuneração sob todas as suas formas possíveis (Figura 2.2).

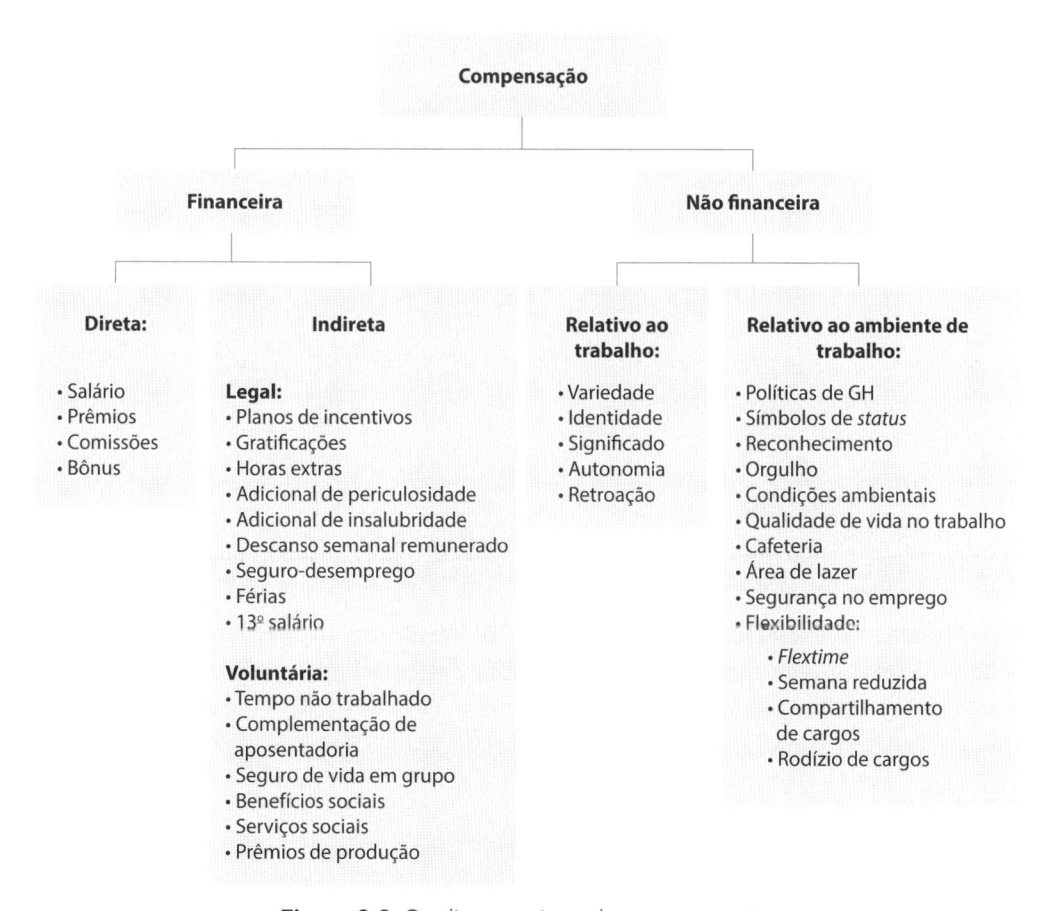

Figura 2.2 Os diversos tipos de compensação.

A compensação é provavelmente a maior razão pela qual as pessoas buscam um emprego. Ela é importante do ponto de vista de cada pessoa, como uma necessidade vital.

Pagamento é o meio pelo qual a empresa proporciona a satisfação das necessidades de uma pessoa e de sua família. Assim, para muitas pessoas com atitude instrumental quanto ao trabalho, ele é a maior razão para trabalhar. Entretanto, o trabalho pode ser mais do que um elemento que proporcione satisfação para as necessidades fisiológicas das pessoas. Nossa preocupação principal reside em tornar o trabalho em algo significativo e profundo para cada pessoa, uma verdadeira missão individual carregada de sentido e importância. Além disso, a compensação define o nível de importância de uma pessoa para a sua empresa e como ela se sente feliz.

O elemento esforço humano – seja físico, seja intelectual – é parte integral dessa atividade, e para efeito de compensação (ou *gestão de salários*), será simplesmente denominado trabalho. O trabalho constitui um dispêndio de energia, esforço ou aplicação de esforço, capacidade ou competência para alcançar algum propósito, meta ou objetivo.

TENDÊNCIAS EM GH

A 4ª Revolução Industrial

Com a enorme influência das tecnologias emergentes – como inteligência artificial, dados, algoritmos, análises complexas, automatização, robotização, inteligência de máquinas, internet das coisas, realidade virtual etc. –, o futuro do trabalho deverá passar por profundas e rápidas mudanças exponenciais que somente o futuro dirá. A Indústria 4.0 fará a junção da inteligência humana com a inteligência digital: pessoas e máquinas trabalhando juntas em íntima interação e interdependência. Muitos empregos rotineiros, simples e braçais desaparecerão cedendo lugar para empregos mais sofisticados. Isso provocará uma estupenda produtividade e satisfação no trabalho, além de uma profunda mudança no modo de trabalhar graças aos efeitos de tecnologias inteligentes.

2.2.1 Conceito de salário

Conforme já vimos, **salário** é a retribuição em dinheiro ou equivalente paga pelo empregador ao colaborador em função do trabalho que ele exerce e dos serviços que presta. Assim, existe o salário direto e o salário indireto.

Em decorrência de sua complexidade, o salário pode ser entendido de muitas maneiras distintas:

- É o pagamento de um trabalho.
- Constitui uma medida do valor de um indivíduo na organização.
- Coloca uma pessoa em uma hierarquia de *status* dentro da organização.

O salário constitui o centro das relações de intercâmbio entre as pessoas e as organizações. As pessoas aplicam seu tempo e esforço e, em troca, esperam receber dinheiro, que representa o intercâmbio de uma equivalência entre direitos e responsabilidades recíprocos entre empregado e empregador.

2.2.2 O significado do salário para as pessoas

Os salários representam uma das mais complicadas transações, pois quando uma pessoa aceita um trabalho, compromete-se a uma rotina diária, a um padrão de atividades e a uma ampla faixa de relações interpessoais dentro de uma organização e, para tanto, recebe salários. Assim, em troca desse elemento simbólico e intercambiável – o dinheiro –, o ser humano é capaz de empenhar parte de si mesmo, de seu esforço e de sua vida.

Para as pessoas, o trabalho é considerado um meio para atingir um objetivo intermediário, que é o salário. Com o salário, muitos objetivos finais podem ser alcançados pelo indivíduo. O salário constitui a fonte de renda que define o padrão de vida de cada pessoa em função de seu poder aquisitivo. Em resumo:

- **Padrão de vida e poder aquisitivo**: o salário representa a base do padrão de vida da pessoa e de seu poder aquisitivo e do conforto que ela pode proporcionar para si e para sua família.

- *Status* **social**: o salário percebido apresenta elevada influência no *status* da pessoa em sua comunidade. Esse *status* é avaliado mais pelo ganho material do que pelo tipo de seu trabalho, o qual, às vezes, só pode ser conhecido pelo seu superior. Dentro da organização, o salário constitui uma fonte de *status*, pois em comparação com os salários percebidos pelos demais colaboradores, serve como uma medida da importância relativa que o trabalho e seu ocupante possuem para a companhia.

- **Valor individual**: o salário permite ganhos mais elevados que possibilitam às pessoas aumentar seu valor individual, aprimorar suas qualificações pessoais e incrementar suas contribuições à organização. E melhorar seu padrão de vida.

2.2.3 O significado do salário para as organizações

Para as organizações, os salários são custo e investimento. Custo, porque os salários se refletem no custo do produto ou do serviço final oferecido pela organização. Investimento, porque representa aplicação de dinheiro em um fator de produção – o trabalho – como uma forma de obter um retorno maior. As organizações mais bem-sucedidas estão considerando os salários como um investimento e não simplesmente como um custo.

Por outro lado, os salários representam forte parcela dos custos de produção (Quadro 2.1), que variam conforme a natureza da organização, o tipo de produção, tecnologia etc. Com a racionalização, a robotização, a digitalização e a 4ª Revolução Industrial, os custos de produção estão sendo intensamente reduzidos.

Quadro 2.1 Participação percentual dos salários no custo do produto de diversos tipos de organizações[2]

Ramo de atividade da organização	Porcentagem dos salários no valor do produto
Fábricas de tecidos	55%
Indústria automobilística e de autopeças	44%
Estaleiros navais – Mecânica pesada	43%
Siderúrgicas	38%
Indústria aeronáutica – Equipamento de computação	37%
Componentes eletrônicos – Máquinas de escrever	36%
Editoras e gráficas	35%
Equipamentos de comunicação – Vestuário e Conexos	33%
Vidros planos	32%
Maquinaria de construção – Refrigerantes	26%
Brinquedos e jogos esportivos – Madeireiras	26%
Equipamento ferroviário	24%
Papel e produtos conexos	22%
Concreto e argamassa	21%
Pneus e tubos de borracha	20%
Cimento – Confecções	19%
Zinco – Produtos farmacêuticos	18%
Biscoitos e bolachas – Latas de metal	17%
Fibras, plásticos e borracha	16%
Balas de goma – Laticínios – Alumínio	13%
Refinações de açúcar	8%
Cigarros	7%
Refinados de petróleo	6%

Quanto mais automatizada a produção (por meio do uso de tecnologia de capital intensivo) menor a participação dos salários nos custos da produção. Por outro lado, quanto maior o índice de manufatura (por meio do uso de tecnologia de mão de obra intensiva) maior a incidência dos salários nos custos de produção. Em qualquer dos casos, os salários sempre representam para a organização um respeitável volume de dinheiro que precisa ser muito bem administrado.

O custo dos salários para a organização é um elemento importante do orçamento de despesas e resultados financeiros. Certas técnicas administrativas contribuem para uma política de gestão de salários, como a avaliação de trabalhos, a gestão do desempenho humano, os planos de progressão de carreiras etc. Infelizmente, essas técnicas tendem a existir como entidades separadas e autônomas na maioria das organizações pela relativa dificuldade de integrá-las e coordená-las em uma política unificada.

Aumente seus conhecimentos sobre **O impacto salarial** na seção *Saiba mais* RBRT 2.2

2.2.4 O salário para a sociedade

Os salários têm um importante efeito sobre as organizações e demais instituições dentro da sociedade. Salários mais elevados proporcionam maior poder aquisitivo, melhoram a qualidade de vida, aumentam a prosperidade da comunidade e promovem a expansão dos serviços. Porém, à medida que os salários aumentam, também aumenta o consumo, o qual colabora com a inflação e preços mais elevados. Preços elevados podem provocar redução na demanda de produtos e serviços que os próprios colaboradores produzem, o que causa uma redução da produção e no número de colaboradores requeridos para produzir aqueles produtos e serviços. Se os salários elevados podem ser compensados por uma produtividade maior e não por preços mais altos, então os salários mais elevados poderão efetivamente contribuir para o bem-estar econômico da sociedade.

É extremamente importante a gestão eficaz da estrutura de compensação de uma organização, em virtude não somente da influência que os salários produzem sobre quem os recebe, mas também sobre a companhia que os paga e sobre a sociedade que os envolve. Cada um desses três grupos – pessoas, organizações e sociedade – tem interesses diretos, embora diferentes, sobre as compensações que são pagas aos colaboradores.

2.2.5 O composto salarial

Há uma porção de fatores internos (organizacionais) e externos (ambientais) que condicionam os salários, determinando seus valores. O conjunto desses fatores internos e externos é denominado **composto salarial** (*wage mix*). Observe a Figura 2.3.

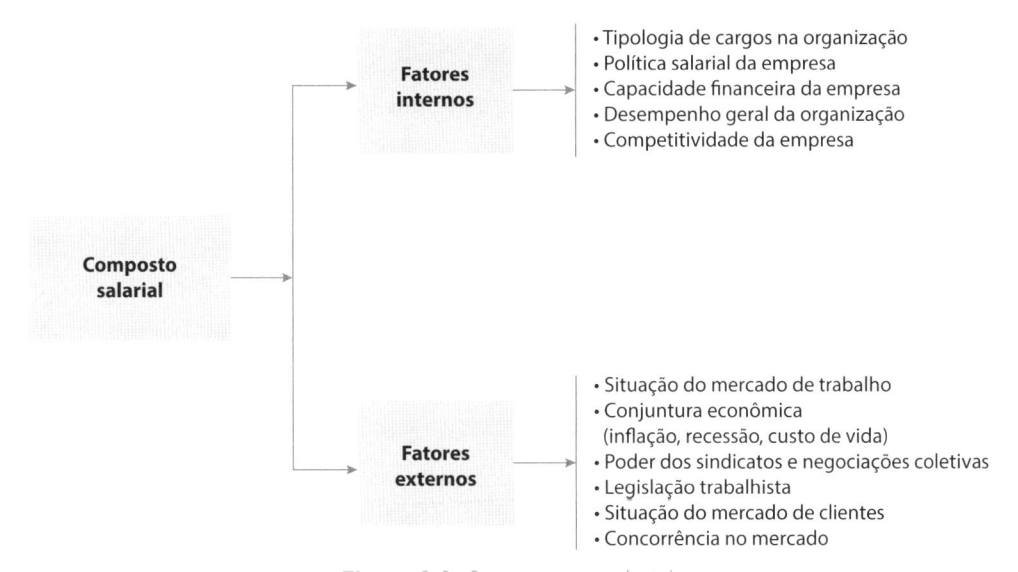

Figura 2.3 O composto salarial.

O composto salarial envolve os seguintes fatores:[3]

- Tipologia dos trabalhos da organização.
- Política salarial da organização.
- Capacidade financeira e desempenho geral da organização.
- Situação do mercado de trabalho.
- Conjuntura econômica (inflação, recessão, custo de vida).

- Sindicatos e negociações coletivas.
- Legislação trabalhista.

A determinação de salários é complexa, uma vez que muitos fatores internos e externos – variáveis e inter-relacionados – exercem efeitos diferenciados sobre os salários. Esses fatores atuam independente ou harmonicamente uns com os outros, no sentido de elevar ou abaixar as tendências dos salários. Quando atuam como forças oponentes, todavia, tais fatores podem servir para anular-se ou para afetar profundamente os salários.

VOLTANDO AO CASO INTRODUTÓRIO

O desafio da remuneração na GerSoft

Geraldo percebeu que a dificuldade de captar e reter colaboradores talentosos não reside somente no valor monetário do salário percebido pelo funcionário. Existem outras variáveis que deve levar em consideração a fim de compor a remuneração e o composto salarial. Se você fosse o Geraldo, quais seriam os pontos de atenção para compor a remuneração e gestão salarial da empresa, em um viés estratégico?

2.3 CONCEITO DE GESTÃO DE SALÁRIOS

Toda organização tem um enorme e complexo conjunto de trabalhos sendo executados dentro e fora do seu local de trabalho, e em todos os níveis de sua estrutura e nas várias áreas, como Finanças, Marketing, Produção/Operações, Gestão Humana (GH) e Tecnologia. Cada trabalho tem o seu valor relativo em cada organização. E para remunerar com justeza e equidade os ocupantes de cada trabalho, a organização precisa conhecer o valor desse trabalho em relação aos demais trabalhos que existem em sua estrutura, levando também em consideração a situação de mercado, ou seja, como os trabalhos são remunerados em outras organizações similares. Como a organização é um conjunto integrado de trabalhos em diferentes níveis hierárquicos e em diferentes setores de especialidade, a gestão de salários é um assunto que envolve a organização em sua totalidade, repercutindo em todos os seus níveis e áreas setoriais.

Assim, pode-se definir gestão de salários como o conjunto de normas e procedimentos que visam estabelecer e/ou manter estruturas de salários equitativas e justas na organização. Para tanto, deverão apresentar um duplo equilíbrio:

1. **Equilíbrio interno**: para garantir que cada trabalho tenha um equilíbrio em relação aos demais trabalhos da própria organização. O equilíbrio interno (ou consistência interna dos salários) é alcançado por meio de informações internas obtidas por meio da avaliação e classificação de trabalhos, assentadas sobre um prévio programa de descrição e análise de trabalhos.

2. **Equilíbrio externo**: para garantir que cada trabalho tenha um equilíbrio em relação aos mesmos trabalhos de outras organizações que atuam no mercado de trabalho, para

obter o equilíbrio externo dos salários. O equilíbrio externo (ou consistência externa dos salários) é alcançado por meio de informações externas obtidas por meio de pesquisas de salários.

A partir das informações sobre a realidade salarial interna e externa, a organização pode definir sua política salarial para normatizar os procedimentos a respeito da remuneração do pessoal. A política salarial constitui um aspecto particular e específico das políticas gerais de organização.

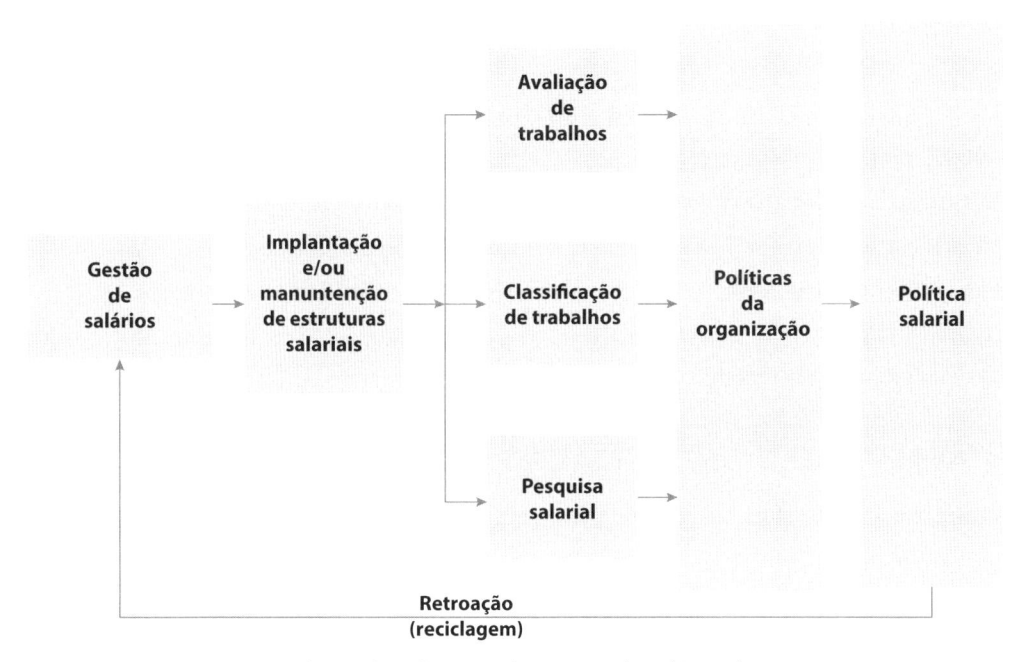

Figura 2.4 Sistema de gestão de salários.[4]

2.3.1 Objetivos da gestão de salários

Com o estabelecimento e/ou manutenção de estruturas de salários equilibradas, a gestão de salários propõe-se a atingir os seguintes objetivos:

- Remunerar cada colaborador de acordo com o valor do trabalho que ocupa ou das competências que proporciona à organização.
- Recompensar ao colaborador adequadamente por seu desempenho e dedicação.
- Atrair e reter os melhores talentos para os trabalhos.
- Ampliar a flexibilidade da organização dando-lhe os meios adequados à movimentação do pessoal e abrindo as possibilidades de desenvolvimento e encarreiramento dos colaboradores.
- Obter dos colaboradores a plena aceitação dos sistemas de remuneração e da política salarial adotada pela organização.

- Manter equilíbrio entre os interesses financeiros da organização e sua política de relações com os colaboradores.
- Facilitar o processamento da folha de pagamento.

2.3.2 Critérios para a gestão de salários

Para que a gestão de salários possa alcançar esses objetivos, torna-se necessário estabelecer as diretrizes que orientarão o desenvolvimento e a manutenção do plano, a fim de assegurar seu sucesso. Tais diretrizes são:

- Normas definidas e adequadas para analisar, avaliar e classificar os trabalhos da organização.
- Levantamento e análise da estrutura de trabalhos da organização e determinação de seus deveres e responsabilidades.
- Definição e aplicação dos fatores de avaliação aos trabalhos analisados.
- Classificação dos trabalhos em classes e respectivas faixas salariais.
- Planejamento e execução de pesquisas salariais na comunidade de empresas.
- Avaliação dos dados internos (faixas salariais internas) e dos dados externos (pesquisa salarial e comparativos do mercado).

2.4 AVALIAÇÃO E CLASSIFICAÇÃO DE TRABALHOS

A **avaliação** e a **classificação de trabalhos** são os dois componentes da gestão salarial que cuidam do equilíbrio interno dos salários.

Avaliação de trabalhos (*job evaluation*) é um termo genérico que abarca uma variedade de técnicas por meio das quais se aplicam critérios comuns de comparação de trabalhos para se conseguir uma estrutura lógica, equitativa, justa e aceitável de classes de trabalhos. A avaliação de trabalhos é "o processo de analisar e comparar o conteúdo de trabalhos, no sentido de colocá-los em uma ordem hierárquica de classes, as quais podem ser usadas como base para um sistema de remuneração. Todavia, é uma técnica projetada para assessorar o desenvolvimento de uma nova estrutura de salários que define as relatividades entre os trabalhos sobre uma base consistente e sistemática".[5] Em outras palavras, a avaliação de trabalhos relaciona-se fundamentalmente com o preço adequado para cada trabalho. Como o mundo muda a cada instante, e as pessoas e a organização também, os trabalhos devem ser constantemente remodelados e reavaliados (Figura 2.5).

A avaliação de trabalhos se relaciona fundamentalmente com o preço para o trabalho. Ela é um meio de determinar o valor relativo de cada trabalho dentro da estrutura organizacional e, portanto, a posição relativa de cada trabalho dentro da estrutura de cargos da organização. No sentido estrito, a avaliação de trabalhos procura determinar a posição relativa de cada trabalho com os demais: as diferenças significativas entre os diversos trabalhos são colocadas em uma base comparativa a fim de permitir uma distribuição equitativa dos salários dentro da organização no sentido de neutralizar qualquer arbitrariedade.

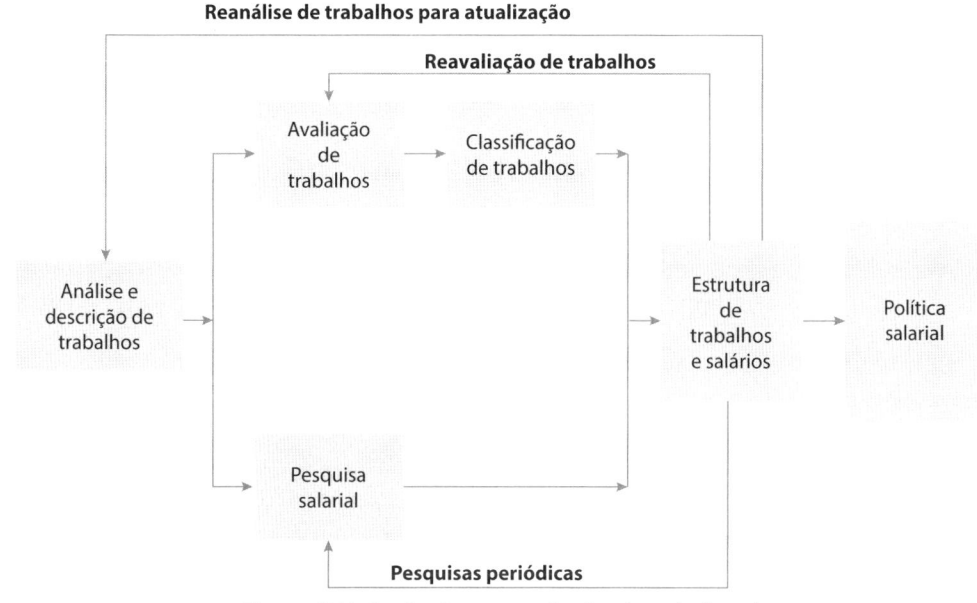

Reanálise de trabalhos para atualização

Reavaliação de trabalhos

Avaliação de trabalhos → Classificação de trabalhos

Análise e descrição de trabalhos → Estrutura de trabalhos e salários → Política salarial

Pesquisa salarial

Pesquisas periódicas

Figura 2.5 Avaliação e reavaliação de trabalhos.[6]

SAIBA MAIS   **A avaliação de trabalhos**

A avaliação de trabalhos não é nova. Patton, Littlefield e Self[7] alegam que ela foi introduzida em 1871 pela United States Civil Service Comission. Contudo, foi somente no início do século passado, com o advento da Administração Científica de Taylor e seguidores, que ela despertou o interesse dos engenheiros então preocupados com o estudo do trabalho e sua racionalização no sentido de elevar a produtividade do operário norte-americano. Uma das preocupações da época era relacionar a produtividade com a remuneração por produção. Na década de 1920, autores norte-americanos como Merrill Lott[8] e Eugene Benge *et al.*[9] desenvolveram os esquemas pelos quais a avaliação de cargos chegou até o presente. Assim, a avaliação dos trabalhos nasceu e cresceu no decorrer da Era Industrial. Ela se caracterizava por um mundo estável e previsível, como se as organizações fossem definitivas e não precisassem mudar jamais. Tudo mudou e está mudando.

2.4.1 Métodos de avaliação de trabalhos

Existem várias maneiras de utilizar os sistemas de pagamento. A avaliação de trabalhos está relacionada com a obtenção de dados que permitirão uma conclusão acerca do preço adequado para cada trabalho, indicando as diferenças essenciais entre os trabalhos, sejam quantitativas, sejam qualitativas. Algumas vezes, a avaliação de trabalhos é complementada por outros procedimentos, como negociações com sindicatos, pesquisas de mercado de salários etc.

Os métodos de avaliação de trabalhos podem ser divididos em dois grandes grupos:

1. Métodos quantitativos:
   - Escalonamento de trabalhos.
   - Categorias predeterminadas.
2. Métodos quantitativos:
   - Comparação por fatores.
   - Avaliação por pontos.

Na verdade, todos os métodos de avaliação de trabalhos são comparativos: ou comparam os trabalhos entre si ou comparam os trabalhos com alguns critérios (categorias ou fatores de avaliação) tomados como base de referência. Observe o Quadro 2.2.

Quadro 2.2 Métodos de avaliação de trabalhos

Comparação básica	Comparação não quantitativa	Comparação quantitativa
▪ Trabalho como um todo	▪ Trabalho como um todo	▪ Partes do trabalho ou fatores
▪ Trabalho *versus* trabalho	▪ Escalonamento de trabalhos	▪ Comparação por fatores
▪ Trabalho *versus* escala	▪ Categorias predeterminadas	▪ Avaliação por pontos

O ponto de partida para qualquer esquema de avaliação de trabalhos é obter informação a respeito dos trabalhos por meio da análise de trabalhos, para tomar as decisões comparativas sobre eles. A avaliação de trabalhos enfatiza a natureza e o conteúdo dos trabalhos e não as características das pessoas que os ocupam. Para tanto, a avaliação de trabalhos deve se fundamentar nas informações prestadas pela análise dos trabalhos.

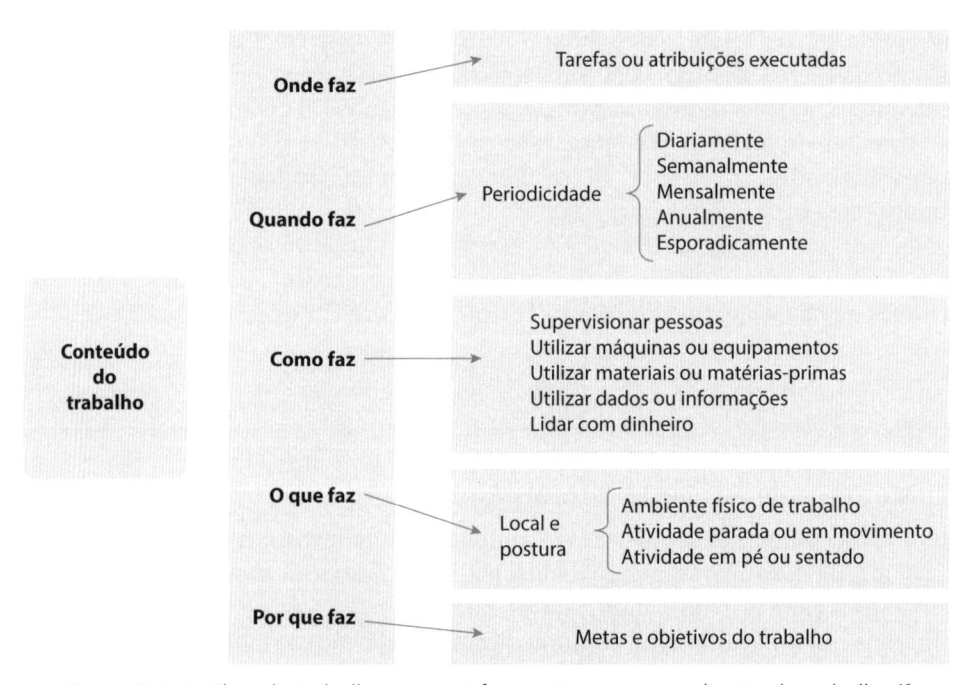

Figura 2.6 Análise do trabalho e suas informações para a avaliação do trabalho.[10]

Vejamos cada um dos métodos de avaliação do trabalho.

2.4.1.1 *Método do escalonamento* (job ranking)

O método de avaliação do trabalho por escalonamento – também denominado método da comparação simples – consiste em dispor os trabalhos em um rol (crescente ou decrescente) em relação a algum critério de comparação tomado como base. Recebe também o nome de comparação trabalho a trabalho pelo fato de que cada trabalho é comparado com os demais em função do critério escolhido como base de referência. Trata-se do mais rudimentar dos métodos de avaliação de trabalhos, pois a comparação entre os trabalhos é global e sintética, sem considerar nenhuma análise ou decomposição. Assim, a comparação tende a ser meramente superficial.

A primeira etapa de aplicação desse método é a análise dos trabalhos para proporcionar a informação básica a respeito deles. A informação deve ser cuidadosamente preparada, a fim de que o avaliador possa trabalhar com dados objetivos.

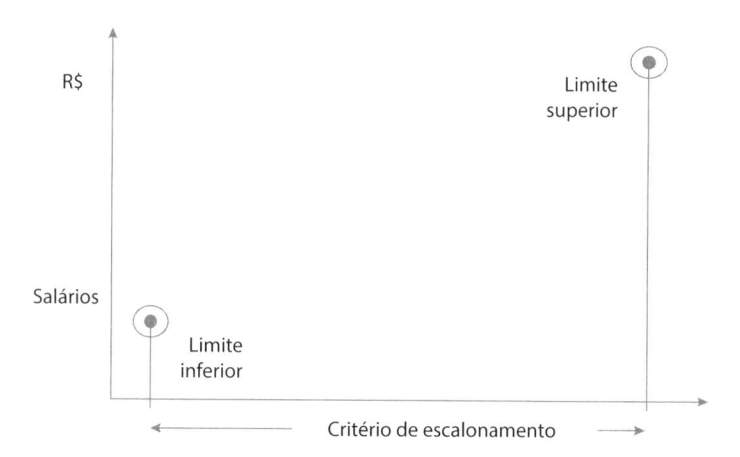

Figura 2.7 Método do escalonamento por limites.[11]

Há duas maneiras de aplicar o método do escalonamento. A primeira é pela definição prévia dos limites superior e inferior do escalonamento, que pressupõe as seguintes etapas:

- Definição do critério de comparação entre os trabalhos (como a complexidade ou importância do trabalho em relação aos objetivos da empresa).
- Definição dos dois extremos do escalonamento:
  - Limite superior: o trabalho que possui a maior dose possível do critério escolhido (como o trabalho mais complexo ou o mais importante de todos).
  - Limite inferior: o trabalho que possui a menor dose possível do critério escolhido (como o trabalho menos complexo de todos ou o menos importante).
- Após a definição dos limites superior e inferior do escalonamento, todos os demais trabalhos devem se situar dentro dessa amplitude de variação.
- Comparação dos trabalhos entre si (trabalho a trabalho) em função do critério, escalonando-os em um rol (ordem crescente ou decrescente) em relação ao critério.
- Rol ou escalonamento: constitui a própria classificação dos trabalhos.

A segunda maneira é pela definição prévia dos cargos de referência (amostrais) para representar o critério escolhido. Essa alternativa pressupõe as seguintes etapas:

- Definição do critério de comparação entre os trabalhos.

- Definição dos cargos de referência (*benchmarks* ou trabalhos amostrais) que representam doses variadas, mas conhecidas, do critério escolhido (como um trabalho extremamente complexo, outro muito complexo, outro relativamente complexo, outro um pouco complexo e outro não complexo). Cada trabalho de referência funciona como ponto focal ao redor do qual os outros trabalhos são colocados e agrupados. À medida que outros trabalhos são comparados e escalonados em relação a ele, a hierarquia dos trabalhos vai se delineando e o escalonamento subsequente passa a exigir outras comparações contra os trabalhos já posicionados anteriormente. Outros pontos de referência surgem ao longo do escalonamento que vai emergindo.

- Disposição dos trabalhos de referência em um rol crescente ou decrescente.

- Comparação dos trabalhos com cada um dos trabalhos de referência e seu enquadramento no rol de acordo com o resultado dessa comparação. Cada trabalho de referência é um trabalho-chave que será usado como um marco ou padrão ou um ponto de localização com o qual os demais serão comparados. A definição e a clareza dos trabalhos de referência constituem um ponto fundamental para a utilização desse método. Os trabalhos de referência devem ser selecionados nos vários níveis da organização ou na hierarquia de trabalhos. Uma vez determinado o trabalho de referência, os outros trabalhos serão comparados com ele dentro de uma base genérica de comparação: o trabalho é mais importante ou menos importante do que o trabalho de referência? Feita a comparação, o trabalho é colocado em uma ordem escalar acima ou abaixo do ponto de referência.

- Definição do rol ou escalonamento dos trabalhos, constituindo a própria classificação dos trabalhos comparados entre si.

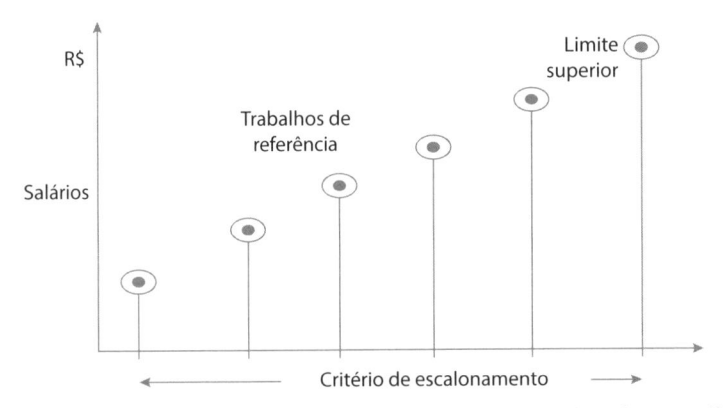

Figura 2.8 Método do escalonamento por trabalhos de referência.[12]

Embora produza uma estrutura de trabalhos pouco discriminativa, esse método proporciona uma base aceitável para discussão e negociação. É um método não analítico, de modo que os trabalhos não são detalhados em seus elementos componentes para uma cuidadosa avaliação e comparação, mas são comparados como totalidades; e não quantitativo, pois não dá nenhuma indicação do grau de diferença entre os trabalhos, mas indica se um trabalho requer mais ou menos de um indivíduo ou se é mais ou menos importante para a organização que outros cargos. Como o nome indica, esse método produz apenas uma ordem de escalonamento de cargos.[13]

SAIBA MAIS   **Método do escalonamento**

Quando comparado com os outros métodos de avaliação de trabalhos, o método do escalonamento é um dos mais fáceis de serem compreendidos pelos colaboradores. Seu ponto forte é a simplicidade e o alto grau de aceitabilidade dentro da organização. Quando bem estruturado, conduz geralmente a uma equitativa racionalização do aspecto salarial, pois evita que um trabalho seja superpago ou mal pago. Contudo, seu grau de precisão é muito baixo e se algum programa de avaliação exigir precisão mais elevada, torna-se necessário escolher outro método de avaliação.

2.4.1.2 *Método das categorias predeterminadas* (job classification)

O método das categorias predeterminadas constitui uma variação do método do escalonamento simples, e é denominado método dos escalonamentos simultâneos. Em primeiro lugar, é feita a divisão dos trabalhos em conjuntos de trabalhos (categorias predeterminadas) que possuam certas características comuns. Em seguida, aplica-se o método do escalonamento simples em cada um desses conjuntos ou categorias de trabalhos.

Uma vez definida a estrutura organizacional e feita a análise dos trabalhos, esse método começa com a definição prévia das categorias de trabalhos. As categorias são conjuntos de trabalhos com características comuns e que podem ser dispostas em uma hierarquia ou escala prefixada. Algumas organizações predeterminam as categorias de trabalhos conforme ilustrado no Quadro 2.3.

Quadro 2.3 Classificação dos trabalhos em categorias predeterminadas

Categoria 1	Trabalhos não qualificados	Trabalhos rotineiros em sua essência, requerem pouca precisão de experiência restrita
Categoria 2	Trabalhos qualificados	Requerem certo potencial mental e alguma experiência geral e específica no desempenho de tarefas de certa variedade e dificuldade
Categoria 3	Trabalhos especializados	Requerem espírito analítico e criador para a solução de problemas técnicos e complexos e para o desenvolvimento de métodos
Categoria 4	Trabalhos de mensalistas	Trabalhos extremamente variados e diversificados

Esse método começa com a predeterminação das categorias e suas classes associadas de salários para toda a organização. A hierarquia de trabalhos é dividida em número de categorias, com definições escritas para cada grau, de tal maneira que a escala prefixada se torna um padrão contra o qual os trabalhos são avaliados. As definições de categorias enfatizam as diferenças em habilidades e responsabilidades entre os trabalhos de maneira muito ampla. Como no escalonamento, os trabalhos são tratados como totalidades e encravados em sua estrutura, geralmente com base nos julgamentos dos avaliadores, tomados isoladamente ou em conjunto dentro de uma comissão.

O ponto de partida lógico para estabelecer um sistema de classificação é determinar a forma e a estrutura da organização. Nas organizações que requerem uma estrutura mais flexível e orgânica, principalmente em termos de rápidas mudanças econômicas, tecnológicas e sociais, as restrições iniciais podem impor muita rigidez. Entretanto, nas organizações mais estáticas e particularmente ligadas a serviços públicos, pode-se utilizar um sistema uniforme.[14] O método das categorias predeterminadas permite alto nível de controle e facilidade na construção do orçamento de salários.

A partir da definição da estrutura organizacional, a próxima etapa é o estabelecimento de um número de categorias de trabalhos em séries de níveis ocupacionais amplamente distinguíveis por seus requisitos. É comum algumas organizações predeterminarem as seguintes categorias ou graus de trabalhos:

- Trabalhos de pessoal mensalista:
  - Supervisão: envolve o pessoal de supervisão.
  - Execução: envolve o pessoal operacional.
- Trabalhos de pessoal horista:
  - Trabalhos especializados: exigem especialização.
  - Trabalhos qualificados: exigem qualificação profissional.
  - Trabalhos não qualificados: não exigem nenhuma qualificação.

A divisão organizacional dos trabalhos em categorias predeterminadas forma uma pirâmide organizacional subdividida em vários níveis, indicando os estágios diferenciais de responsabilidade. As linhas de demarcação horizontais refletem a alocação de responsabilidade previamente definida no organograma. Para fins didáticos, pode-se assumir que cada nível organizacional deve ser alocado em uma definição de categoria. A figura resultante é uma pirâmide.

Cada categoria predeterminada deve ser definida claramente em termos de nível de responsabilidade e de outros requisitos típicos de cada grau. As definições das categorias devem ser escritas e passam a constituir um padrão ou marco contra o qual os trabalhos são avaliados e encaixados no grau apropriado. Torna-se necessário estabelecer um trabalho de referência para cada categoria a fim de facilitar o processo de comparação. Os critérios para a seleção dos trabalhos de referência são exatamente os mesmos do método do escalonamento. Sua finalidade é constituir um meio prático de classificar todos os graus de acordo com as definições de categorias. Observe a Figura 2.9.

Após sua implantação, o método das categorias predeterminadas pode tornar-se inflexível e pouco sensitivo às mudanças na natureza e no conteúdo dos trabalhos. É mais bem elaborado que o método do escalonamento e permite que novos trabalhos sejam incorporados à estrutura. Todavia, trata-se de um método não analítico e qualitativo tal como o método do escalonamento.

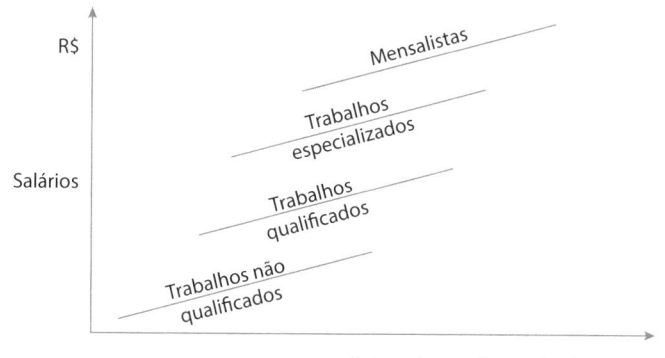

Figura 2.9 Escalonamentos múltiplos no método das categorias predeterminadas.[15]

2.4.1.3 Método da comparação por fatores (factor comparison)

O método da comparação por fatores utiliza os princípios de avaliação por pontos juntamente com o princípio do escalonamento. É uma técnica analítica, no sentido de que os trabalhos são comparados por meio de fatores de avaliação. A criação desse método é atribuída a Eugene Benge,[16] que selecionou cinco fatores genéricos:

1. **Requisitos mentais**: como aptidões, experiência anterior.

2. **Habilidades requeridas**: como fazer cálculos, manejar máquinas.

3. **Requisitos físicos**: como estatura, idade, peso, força muscular.

4. **Responsabilidade**: por máquinas, equipamentos, instrumentos.

5. **Condições de trabalho**: conforto, ambiente, temperatura, luminosidade.

O método da comparação por fatores exige as seguintes etapas, que devem ser desenvolvidas após a análise dos trabalhos:

- **Escolha dos fatores de avaliação**: os fatores constituem critérios de comparação, ou seja, instrumentos de comparação que permitirão escalonar os trabalhos a avaliar. A escolha dos fatores de avaliação dependerá dos tipos e das características dos trabalhos a serem avaliados. A ideia básica desse método é identificar poucos, mas amplos, fatores, para proporcionar simplicidade e rapidez nas comparações.

- **Definição do significado de cada um dos fatores de avaliação**: quanto melhor a definição dos fatores, maior a precisão nas comparações.

- **Escolha dos trabalhos de referência**: para permitir as comparações dos trabalhos. Os trabalhos de referência são escolhidos para facilitar o manuseio dos fatores de avaliação.

- **Escalonamento dos fatores de avaliação**: cada trabalho de referência é avaliado por meio do escalonamento dos fatores de avaliação. Os escalonamentos são independentes para cada fator. Suponhamos que os trabalhos de referência escolhidos sejam o de recepcionista e o de limpador, como pode ser visto no Quadro 2.4.

Quadro 2.4 Escalonamento de fatores em dois trabalhos de referência[17]

Ordem de escalonamento dos fatores	Limpador	Recepcionista
1	Requisitos físicos	Habilidades requeridas
2	Condições de trabalho	Responsabilidade
3	Habilidades requeridas	Requisitos mentais
4	Responsabilidade	Requisitos físicos
5	Requisitos mentais	Condições de trabalho

- **Avaliação dos fatores nos trabalhos de referência**: tomando-se por base os trabalhos de referência, os fatores devem ser posicionados e ponderados quanto a sua contribuição individual para o total (o que pode ser dado em base de porcentagem), de modo que a soma total de salário obtida para um trabalho de referência possa ser dividida e considerada em termos absolutos para cada fator. Suponha-se que, entre os trabalhos a serem avaliados, a seleção dos trabalhos de referência recaia sobre os de recepcionista e limpador. O primeiro recebe salário mensal de R$ 3.000,00 e o segundo, de R$ 1.500,00. Utilizando os fatores de Benge, suponhamos que a comissão de avaliação decida a respeito da importância relativa de cada fator em cada trabalho de referência, conforme o Quadro 2.5.

Quadro 2.5 Avaliação dos fatores nos dois trabalhos de referência

Fatores de avaliação	Recepcionista (R$)	Limpador (R$)
Requisitos mentais	600,00	100,00
Habilidades requeridas	1.000,00	300,00
Requisitos físicos	400,00	500,00
Responsabilidade	800,00	200,00
Condições de trabalho	200,00	400,00
	3.000,00	1.500,00

A avaliação de fatores é a parte do trabalho que atribui valores monetários para cada fator. Se o salário é conhecido, então cada fator deve ter certo valor. A soma dos valores dos fatores constitui 100% do salário. Para cada um dos dois cargos de referência, deve-se decidir o valor de cada fator, como no exemplo do Quadro 2.5. Assim, essa avaliação dos fatores pode ser feita em percentagem ou em dinheiro.

- **Montagem da matriz de escalonamento e de avaliação de fatores**: a tarefa agora é reconciliar os resultados obtidos na avaliação de fatores com aqueles obtidos no escalonamento original dos fatores. Em outras palavras, deve haver conformidade entre as diferenças relativas indicadas pelo escalonamento e as diferenças absolutas encontradas nas alocações salariais arbitrárias e subjetivas. Na prática, essa tarefa não é muito fácil. O meio mais simples é montar uma matriz de escalonamento de fatores, na qual cada fator de avaliação é desdobrado e escalonado de acordo com sua importância nos trabalhos de referência, como no Quadro 2.6.

Quadro 2.6 Matriz de escalonamento de fatores[18]

Ordem de escalonamento	Requisitos mentais	Habilidades requeridas	Requisitos físicos	Responsabilidade	Condições de trabalho
1	Limpador			Limpador	Recepcionista
2					
3	Recepcionista	Limpador			
4			Recepcionista	Recepcionista	Limpador
5		Recepcionista	Limpador		

A matriz é apenas um mapa que mostra as diferenças relativas entre os trabalhos e não indica as diferenças absolutas, que é o que se deseja. As diferenças absolutas serão determinadas pelo processo de avaliação de fatores. Com os resultados da avaliação dos fatores, a matriz é completada, transformando-se em uma matriz de escalonamento e de avaliação de fatores, como podemos ver no Quadro 2.7.

Quadro 2.7 Matriz de escalonamento de fatores e de avaliação de fatores

Ordem de escalonamento	Requisitos mentais	Habilidades requeridas	Requisitos físicos	Responsabilidade	Condições de trabalho
1	Limpador (R$ 100,00)			Limpador (R$ 200,00)	Recepcionista (R$ 200,00)
2					
3	Recepcionista (R$ 600,00)	Limpador (R$ 300,00)			
4			Recepcionista (R$ 400,00)	Recepcionista (R$ 800,00)	Limpador (R$ 400,00)
5		Recepcionista (R$ 1.000,00)	Limpador (R$ 500,00)		

■ **Elaboração da escala comparativa de trabalhos**: o passo seguinte é transformar a matriz de escalonamento de fatores e de avaliação de fatores em uma escala comparativa de trabalhos, como sugere o Quadro 2.8.

Quadro 2.8 Escala comparativa de trabalhos

Valores (em R$)	Requisitos mentais	Habilidades requeridas	Requisitos físicos	Responsabilidade	Condições de trabalho
100	Limpador				
200				Limpador	Recepcionista
300		Limpador			
400			Recepcionista		Limpador
500		Limpador			

(continua)

(continuação)

Valores (em R$)	Requisitos mentais	Habilidades requeridas	Requisitos físicos	Responsabilidade	Condições de trabalho
600	Recepcionista				
700					
800				Recepcionista	
900					
1.000		Recepcionista			

Com a escala comparativa de trabalhos, o instrumento de avaliação de trabalhos pelo método da comparação por fatores está pronto. Por meio dessa escala, cada trabalho é escalonado em cada um dos fatores pela comparação por fatores e, em seguida, os valores em reais (ou em porcentagem) são somados para se ter a avaliação global do trabalho. Enquanto houver contradições ou anomalias no processo duplo de escalonamento de fatores e de avaliação de fatores, novos ajustamentos deverão ser feitos até que os resultados se tornem consistentes. Essa técnica é obviamente menos acurada do que a avaliação por pontos, mas ela é a que obtém maior confiabilidade entre todas as técnicas de avaliação de trabalhos do ponto de vista global das avaliações.

De modo geral, o método de comparação por fatores é mais apropriado para trabalhos menos complexos. Pode ser adaptado para trabalhos mensalistas. É o método que tem provocado muitas críticas. Suas dificuldades operacionais são bem aparentes. É técnica contaminável por variância de erros e vieses no escalonamento, bem como por subjetividade.

2.4.1.4 Método de avaliação por pontos (point rating)

O método de avaliação por pontos é também denominado método de avaliação por fatores e pontos. Criado pelo norte-americano Merrill R. Lott,[19] tornou-se o método de avaliação de trabalhos mais usado nas organizações. É uma técnica analítica (os trabalhos são comparados por meio de fatores de avaliação em suas partes componentes) e uma técnica quantitativa (atribuem-se valores numéricos – pontos – para cada elemento do trabalho e um valor total é obtido pela soma dos valores numéricos – contagem de pontos).

O método de avaliação por pontos fundamenta-se na análise de trabalhos e exige as seguintes etapas:

1. **Escolha dos fatores de avaliação**: os fatores de avaliação são os mesmos fatores de especificações escolhidos para o programa de análise de trabalhos. Assim, a escolha dos fatores, sua definição, dimensionamento e graduação são assuntos que já tratamos no capítulo dedicado à análise de trabalhos. Em geral, os fatores de avaliação são constituídos de quatro grupos de fatores:

   a) **Requisitos mentais**: exigências dos trabalhos quanto às características intelectuais.

   b) **Requisitos físicos**: exigências dos trabalhos quanto às características físicas.

c) **Responsabilidades envolvidas**: exigências dos trabalhos quanto àquilo que o ocupante deve responder.

d) **Condições de trabalho**: condições físicas sob as quais o ocupante desempenha o trabalho.

Esses quatro grupos costumam envolver os seguintes fatores (Quadro 2.9).

Quadro 2.9 Ponderação dos fatores de avaliação

Fatores de avaliação	1ª ponderação	2ª ponderação
Requisitos mentais		
Instrução essencial	15	15
Experiência anterior	20	25
Iniciativa e engenhosidade	15	15
Requisitos físicos		
Esforço físico necessário	6	6
Concentração mental ou visual	6	6
Responsabilidade por		
Supervisão de pessoal	10	10
Material ou equipamento	4	4
Métodos ou processos	4	4
Informações confidenciais	4	4
Condições de trabalho		
Ambiente de trabalho	6	6
Riscos	10	10
Total	**100**	**105**

2. **Ponderação dos fatores de avaliação**: a ponderação dos fatores é feita de acordo com a importância relativa de cada fator, já que os fatores não são idênticos em sua contribuição ao desempenho dos trabalhos. A ponderação consiste em atribuir a cada um dos fatores de avaliação seu peso relativo nas comparações entre os trabalhos. Geralmente, utiliza-se o peso percentual com que cada fator entra na avaliação dos trabalhos. Terminada a ponderação, muitas vezes se procura fazer certos ajustes, o que faz com que a soma de participação de todos os fatores se torne diferente de 100. Nesses casos, a escala de pontos sofrerá ou uma redução constante ou um acréscimo constante, o que não anula a precisão do instrumento de mensuração.

3. **Montagem da escala de pontos**: feita a ponderação dos fatores, a etapa seguinte é a atribuição de valores numéricos (pontos) aos graus de cada fator. Geralmente, o grau mais baixo de cada fator (grau A) corresponde ao valor da porcentagem de ponderação. Em outros termos, os valores ponderados servem de base para a armação de escala de pontos e constituirão o valor em pontos para o grau A de cada fator. Estabelecidos os pontos para o grau A de cada fator, o passo seguinte é a atribuição de pontos para os graus B, C, D e assim por diante. Trata-se, portanto, de estabelecer uma progressão de pontos ao longo dos diversos graus de cada fator. Pode-se utilizar uma progressão aritmética, uma progressão geométrica ou, ainda, uma progressão arbitrária. Veja um exemplo no Quadro 2.10.

Quadro 2.10 Exemplo de montagem da escala de pontos

Progressões	Graus				
	A	B	C	D	E
Aritmética	5	10	15	20	25
Geométrica	5	10	20	40	80
Arbitrária	5	12	17	22	15

Enquanto a progressão aritmética aumenta o valor de cada grau por meio de um valor constante, a progressão geométrica aumenta o valor de cada grau 100% em relação ao grau anterior, dobrando o valor de pontos a cada estágio sucessivo. A utilização de uma dessas progressões obviamente depende dos objetivos da avaliação. A progressão aritmética tende a produzir uma reta salarial, enquanto as duas outras progressões tendem a produzir uma curva salarial. Adotando-se a progressão aritmética sobre os fatores, já ponderados, obtém-se a escala de pontos elaborada no Quadro 2.11.

Quadro 2.11 Escala de pontos

Fatores de avaliação	Grau A	Grau B	Grau C	Grau D	Grau E	Grau F
Requisitos mentais						
Instrução essencial	15	30	45	60	75	90
Experiência anterior	25	50	75	100	125	150
Iniciativa e engenhosidade	15	30	45	60	75	90
Requisitos físicos						
Esforço físico necessário	6	12	18	24	30	36
Concentração mental ou visual	6	12	18	24	30	36
Responsabilidade por						
Supervisão de pessoal	10	20	30	40	50	60
Material ou equipamento	4	8	12	16	20	24
Métodos ou processos	4	8	12	16	20	24
Informações confidenciais	4	8	12	16	20	24
Condições de trabalho						
Ambiente de trabalho	6	12	18	24	30	36
Riscos	10	20	30	40	50	60

4. **Montagem do manual de avaliação de trabalhos**: feita a montagem da escala de pontos, passa-se a definir o significado de cada grau de cada um dos fatores de avaliação. Trata-se agora da montagem do manual de avaliação de trabalhos, uma espécie de dicionário ou padrão de comparação entre os diversos graus de cada fator e seus respectivos valores em pontos. Cada fator ocupa uma página do manual, conforme indica o Quadro 2.12.

Quadro 2.12 Montagem do manual de avaliação de trabalhos

Instrução essencial
Este fator considera o grau de instrução geral ou o treinamento específico preliminar exigido para o adequado desempenho do trabalho. Deve considerar somente aquela instrução aplicável ao trabalho e não à educação formal da pessoa que atualmente o ocupa.

Grau	Descrição	Pontos
A	O trabalho requer que o ocupante saiba ler e escrever ou que tenha o curso de alfabetização.	15
B	O trabalho requer nível de instrução correspondente ao curso fundamental I ou equivalente.	30
C	O trabalho requer nível de instrução correspondente ao curso fundamental II ou equivalente.	45
D	O trabalho requer nível de instrução correspondente ao curso colegial de segundo ciclo ou técnico.	60
E	O trabalho requer nível de instrução correspondente ao curso superior completo.	75
F	O trabalho requer nível de instrução correspondente ao curso superior completo mais pós-graduação.	90

5. **Avaliação dos trabalhos por meio do manual de avaliação**: com o manual de avaliação de trabalhos, passa-se a avaliar os trabalhos. Toma-se um fator de vez e se comparam com ele todos os trabalhos, anotando-se o grau e o número de pontos de cada trabalho naquele fator. Geralmente, utiliza-se formulário de dupla entrada: nas linhas estão os trabalhos e nas colunas os fatores de avaliação, como o modelo apresentado no Quadro 2.13. Nessa etapa, cada trabalhos passa a corresponder a um valor em pontos obtido pela soma dos pontos em cada fator.

Quadro 2.13 Modelo de formulário de dupla entrada para a avaliação de trabalhos[20]

Fatores de avaliação	Instrução		Experiência		Iniciativa		Ambiente de trabalho		
Cargos	Grau	Pontos	Grau	Pontos	Grau	Pontos	Grau	Pontos	Total de pontos
Digitadora	B	30	A	25	A	15	A	6	183
Escriturário auxiliar	C	45	B	50	B	30	A	6	263
Escriturário especializado	C	45	C	75	C	45	A	6	356
Desenhista	B	30	C	75	B	30	A	6	276
Secretária auxiliar	C	45	B	50	B	30	A	6	313
Secretária bilíngue	D	60	C	75	C	45	A	6	417
Supervisor de segurança	D	60	D	100	E	75	B	12	546
Recrutador	C	45	C	75	D	60	B	12	404
Auxiliar de custos	D	60	D	100	D	60	A	6	547
Auxiliar de importação	D	60	D	100	C	45	A	6	436

6. Delineamento da curva salarial: a tarefa agora é converter os valores de pontos em valores monetários. Deve-se ressaltar que isso não significa que a relação numérica entre os trabalhos indique uma diferenciação precisa em valores monetários entre eles. Os valores de pontos dos trabalhos nunca são perfeitamente acurados e funcionam apenas como linhas mestras na relativa dispersão dos trabalhos.

O primeiro passo é fazer uma correlação entre o valor de cada trabalho em pontos e o salário de seu ocupante (ou salário médio, quando o trabalho tem vários ocupantes). Com os valores em pontos e em salários atualmente pagos pela organização, pode-se plotar um gráfico com valores em pontos, no eixo das abscissas (x), e em salários, no eixo das ordenadas (y). Os valores em pontos possuem um padrão de medida estabelecido por meio da avaliação, o que não ocorre na escala dos salários. Para configuração dos valores de x (pontos) e de y (salários), constrói-se um gráfico de distribuição de frequências para indicar a relação entre os valores da avaliação dos trabalhos e os respectivos salários atualmente pagos, em que se pode delinear a linha média, isto é, a linha de tendência dos salários (reta ou curva salarial) que tenha o menor afastamento médio possível dos pontos dispersos na Figura 2.10.

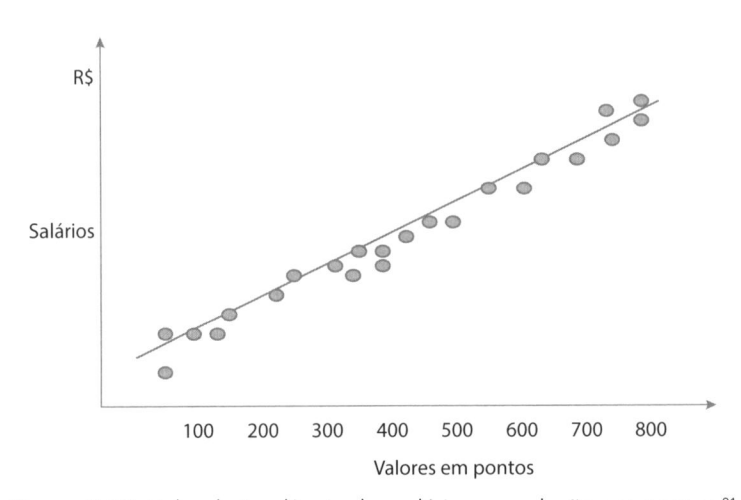

Figura 2.10 Linha de tendência dos salários em relação aos pontos.[21]

A linha de tendência pode ser calculada por meio da técnica estatística dos mínimos quadrados ou por procedimentos estatísticos similares para a obtenção de uma reta ou parábola que identifique a correlação entre pontos e salários. Porém, o método de correlação entre o valor de pontos e o valor em reais dos trabalhos envolvidos, por excelência, é o método dos mínimos quadrados, por ser adaptado a equações curvas. Trata-se de processo matemático usado para calcular a linha única ao longo de uma série de pontos específicos dispersos. Na determinação da linha de tendência, a soma dos desvios dos diversos pontos da linha (ou seja, a diferença entre um ponto e a linha) deverá ser igual a zero, e a soma dos quadrados dos desvios deverá ser menor que a soma dos quadrados dos desvios observados a partir de qualquer outra reta que se trace. A linha obtida é, portanto, única.

O ajustamento da linha de tendência pelo método dos mínimos quadrados envolve a análise de correlação linear simples de duas variáveis:

- **Variável independente (variável x)**: pontos.
- **Variável dependente (variável y)**: salários.

A equação utilizada para gerar uma parábola (curva salarial) é:

$$y_c = a + bx + cx^2$$

Para gerar uma reta salarial, usa-se a equação:

$$y_c = a + bx$$

Nessas duas equações, a, b e c representam as constantes (parâmetros), enquanto x e y_c (y corrigido), as variáveis. O parâmetro a define a posição inicial da curva ou reta salarial; o parâmetro b, a inclinação da linha de tendência; e o parâmetro c, a curvatura da linha de tendência.

Os valores a e b podem ser calculados mediante o emprego das seguintes equações, em que N indica o número ou conjunto de dados, isto é, os pontos conhecidos representados no gráfico.

$$a = \frac{\Sigma x^2\, \Sigma y - \Sigma x \Sigma xy}{N\Sigma x^2 - (\Sigma x)^2}$$

$$b = \frac{N\Sigma xy - \Sigma x \Sigma y}{N\Sigma x^2 - (\Sigma x)^2}$$

Os valores dos parâmetros são calculados por intermédio das seguintes equações:[22]

$$Na \div b\Sigma x + c\Sigma x^2 = \Sigma y$$

$$a\Sigma x \div b\Sigma x^2 + c\Sigma x^3 = \Sigma xy$$

$$a\Sigma x^2 \div b\Sigma x^3 + c\Sigma x^4 = \Sigma x^2 y$$

Resolvendo o sistema dessas três equações, encontramos facilmente os valores de a, b e c:

$$y_c = \text{valores dos salários corrigidos}$$

$$a = \frac{\Sigma y}{\Sigma x}$$

$$b = \frac{\Sigma xy}{\Sigma x^2}$$

$$c = \frac{\Sigma x^2 y}{\Sigma x^3}$$

Tomando-se os resultados da avaliação dos cargos em pontos (x_i) e os salários atualmente pagos (y_i), daqui para frente cada cargo será bidimensionado por meio dessas duas variáveis, conforme o Quadro 2.14.

Quadro 2.14 Valor dos trabalhos em pontos (x) e em salários (y)[23]

Trabalhos	Total de pontos (x_i)	Salários médios (y_i)
Digitadora	183	1.700,00
Escriturário auxiliar	263	1.900,00
Escriturário especializado	356	3.000,00
Desenhista	276	3.200,00
Secretária auxiliar	313	4.000,00
Secretária bilíngue	417	4.900,00
Supervisor de segurança	546	6.600,00
Recrutador de pessoal	404	5.100,00
Auxiliar de custos	547	5.900,00
Auxiliar de importação	436	6.100,00

7. **Definição das faixas salariais**: delineada a linha de tendência dos salários (curva ou reta salarial), verifica-se que, ao longo dessa linha, cada valor em pontos corresponde a um único valor de salários (Figura 2.11). Como a gestão de salários se preocupa com estruturas salariais e não com salários tomados individualmente, torna-se necessário transformar a linha de tendência em uma faixa de salários. Isso é feito aplicando-se um afastamento maior e menor ao longo da linha. Esse afastamento é calculado porcentualmente (por exemplo, ± 5% ou ± 10%).

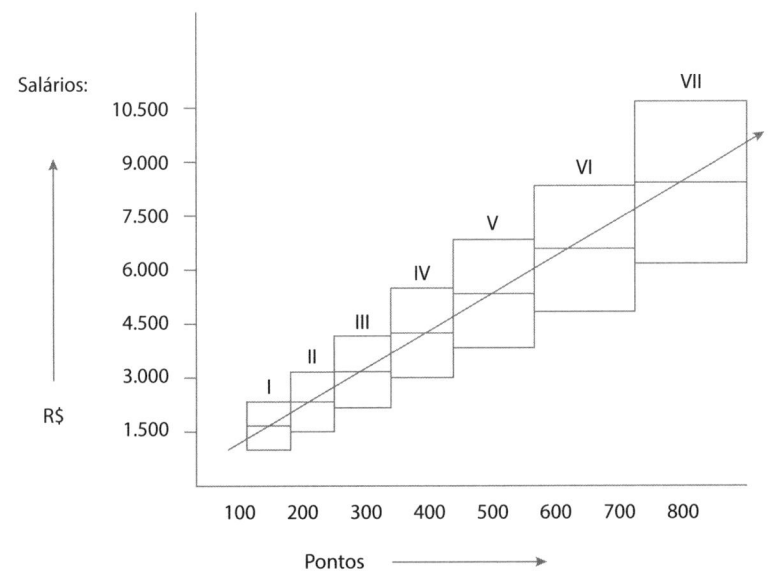

Figura 2.11 Delineamento das faixas salariais.[24]

Trocando o gráfico das faixas salariais em miúdos, tem-se o resultado, em termos numéricos, disponibilizado no Quadro 2.15.

Quadro 2.15 Classes de trabalhos e respectivas faixas salariais[25]

Classes de cargos	Amplitude de pontos	Salário médio (R$)	Percentagem de afastamento da faixa (%)	Faixa salarial	
				Limite inferior (R$)	Limite superior (R$)
I	100–200	1.500,00	40	1.300,00	1.900,00
II	201–300	1.900,00	40	1.600,00	3.000,00
III	301–400	2.900,00	40	2.700,00	4.300,00
IV	401–500	4.300,00	40	3.000,00	5.000,00
V	501–600	4.900,00	40	3.300,00	6.200,00
VI	601–700	6.900,00	40	4.500,00	7.600,00
VII	701–800	7.700,00	50	6.000,00	10.500,00

No Quadro 2.15, todos os trabalhos que tenham sua avaliação entre 100 e 200 pontos, por exemplo, pertencerão à classe I. Ou seja, seu salário de admissão será o limite inferior da faixa (R$ 1.300,00); após o período experimental, será o salário médio da faixa (R$ 1.500,00); e, dependendo da avaliação do desempenho, poderá situar-se até o limite superior da faixa (R$ 1.900,00).

Enquanto as classes de trabalhos são mutuamente exclusivas (um trabalho só cabe em uma única classe de pontos), as faixas salariais são superpostas, de forma que os salários de uma faixa podem ser semelhantes aos de outras faixas mais ou menos elevadas.

2.4.2 Equipe de avaliação de trabalhos

A avaliação do trabalho é uma recomendação do órgão de *staff* que deve ser aprovada pela direção da organização. Para facilitar esse trabalho, algumas organizações utilizam uma equipe de trabalho, que é composta do responsável pela gestão de salários e analistas, de diretores cujas áreas estejam envolvidas no trabalho, além de gerentes interessados. Por meio da equipe, pode-se chegar a uma solução harmônica e integrada, garantindo-se a aceitação do programa.

A equipe de avaliação de trabalhos possui dois objetivos:

1. **Objetivo técnico**: a equipe é integrada pelos elementos das diversas áreas da organização envolvidas com os trabalhos que serão avaliados para garantir equilíbrio e uniformidade das avaliações em todas as áreas da organização.

2. **Objetivo político**: com a participação de elementos vindos de todas as áreas da organização para que as avaliações sejam aceitas sem restrições.

A equipe de avaliação de trabalhos geralmente é composta de:

- **Membros permanentes ou estáveis**: que deverão participar de todas as avaliações da organização, como o gestor de GH e o executivo responsável pela gestão de salários.
- **Membros provisórios**: que deverão opinar nas avaliações dos trabalhos sob sua supervisão, tendo atuação parcial no plano de avaliação de trabalhos.

VOLTANDO AO CASO INTRODUTÓRIO
O desafio da remuneração na GerSoft

Joana, gerente de Gestão de Pessoas da GerSoft, identificou, por meio de uma pesquisa com os colaboradores, a existência de um desequilíbrio na percepção salarial e de remuneração de suas pessoas, comparativamente com seus pares na empresa e também com funções semelhantes no mercado. Nesse contexto, se você fosse um consultor especialista em remuneração, qual(is) orientação(ões) daria para Joana?

2.5 PESQUISA SALARIAL

A gestão de salários procura obter não somente o equilíbrio interno de salários (dentro da organização), como também o equilíbrio externo de salários em relação ao que se paga no mercado de trabalho. Assim, antes de definir as estruturas salariais da empresa, convém analisar e pesquisar os salários pagos na comunidade de empresas. Para tanto, a organização pode:

- Utilizar pesquisas feitas por organizações nas quais já tenha participado.
- Utilizar pesquisas feitas por organizações especializadas do ramo.
- Promover sua própria pesquisa salarial.

A montagem de uma pesquisa de salários deve levar em conta:

- Os trabalhos a serem pesquisados (cargos de referência).
- As companhias participantes.
- A época da pesquisa (periodicidade).

A pesquisa de salários pode ser feita por meio de:

- Questionários a serem preenchidos pelas empresas pesquisadas.
- Visitas e entrevistas a empresas.
- Reuniões com especialistas em salários.
- Telefonemas ou *e-mails* entre especialistas em salários.

2.5.1 Seleção dos trabalhos de referência

Ao promover a pesquisa salarial, cada organização procura selecionar os trabalhos que considera como trabalhos de referência (ou *benchmarks jobs*), visando testar sua estrutura salarial. Os trabalhos de referência podem ser:

- Trabalhos que representam os vários pontos de sua curva salarial.
- Trabalhos facilmente identificáveis e comparáveis no mercado.
- Trabalhos que representam os setores de atividade da organização.

O número de trabalhos de referência que compõe a pesquisa é variável, depende do tipo de atividade da organização e de suas necessidades e interesses, pois são escolhidos para representar a sua estrutura de salários, de um lado, e o mercado de trabalho, de outro. Representam, ao mesmo tempo, amostras da estrutura interna de salários da organização em confronto com o mercado de salários externo. Daí serem também denominados trabalhos amostrais de ambas as partes. Devem ser cuidadosamente selecionados para poder propiciar comparações claras entre a organização e o mercado.

2.5.2 Seleção das empresas participantes

Os critérios adotados para a escolha das empresas que deverão ser convidadas a participar da pesquisa salarial, como amostras do mercado de trabalho, são os seguintes:

- **Localização geográfica das empresas**: as empresas participantes podem ser selecionadas em função de sua localização geográfica, quando os trabalhos são influenciados pelo mercado local. É o caso de pessoal elementar que tende a procurar emprego em seu próprio bairro, no sentido de diminuir tempo e gastos com condução ao trabalho. E quando sai de uma empresa, tende a procurar outro emprego nas redondezas. Quando se pretende pesquisar salários de trabalhos não qualificados, as empresas escolhidas são as situadas nas imediações da empresa que está pesquisando.
- **Ramo de atividade das empresas**: as empresas selecionadas são do mesmo ramo de atividade pela presunção de que deve existir alguma similaridade de operações e atividades que se traduz na tipologia dos trabalhos. São empresas que empregam tecnologias comparáveis entre si. Assim, quando se pesquisa trabalhos técnicos ou operacionais, a tendência é selecionar empresas do mesmo ramo, quer se trate de bancos, siderúrgicas, hospitais, lojas.
- **Tamanho das empresas**: muitos trabalhos estão relacionados com o tamanho da empresa, principalmente nos aspectos relacionados com remuneração em decorrência da amplitude administrativa, do volume de responsabilidade envolvida etc. Um Diretor de Produção ou um Gerente de Compras, por exemplo, tem características de remuneração diferentes quando se trata de empresas pequenas, médias ou grandes. O mesmo acontece com um supervisor ou trabalho de chefia, em relação ao tamanho de sua seção ou departamento.
- **Política salarial das empresas**: muitas empresas têm sido escolhidas para participar de pesquisas salariais em virtude de sua política salarial. A natureza da política salarial é importante quando se pretende seguir uma política salarial agressiva, escolhendo empresas com políticas salariais mais avançadas. Ou quando se pretende pagar ao redor da média do mercado, a tendência é escolher empresas conservadoras em sua política salarial.

Quando se trata de pesquisa salarial abrangente e que envolve muitos trabalhos, é comum escolher amostras de empresas (*benchmarks companies*) aplicando-se os critérios mencionados anteriormente. Eles são utilizados no sentido específico e não global quando se pesquisa somente trabalhos de Tecnologia da Informação (TI), por exemplo, independentemente de seu tipo genérico de atividade. O número de empresas que compõe a pesquisa salarial varia em função do detalhamento e da precisão da pesquisa, bem como do tempo disponível para a sua conclusão.

Além dos salários, podem ser pesquisados outros elementos, como dados sobre política salarial e benefícios que as empresas oferecem (influência do mérito, aumento por promoções, assistência médica e social, restaurante etc.), ou dados sobre comportamento organizacional (rotatividade, absenteísmo).

A pesquisa salarial serve como intercâmbio de informações a respeito de salários e conexos. Cada empresa que pesquisa e obtém informações das demais empresas se compromete a entregar os resultados da pesquisa tabulados e processados, mantendo confidencialidade das informações dentro de certos limites. Cada empresa recebe os resultados com a sua identificação, mas com a identificação das demais codificada, a fim de preservar o sigilo. As empresas em geral se comunicam entre si para posteriormente intercambiar a identificação de seus códigos e conhecer mutuamente suas situações.

Quadro 2.16 Questionário de pesquisa salarial com dados sobre cada organização pesquisada[26]

Empresa pesquisadora:_____
Ramo de atividade: _____
Produtos: _____
Endereço: _____
Responsável pelas informações: _____
Cargo: _____
1. Quadro de pessoal
Horistas _____   Salário médio _____   Mensalistas _____   Salário médio _____   Executivos _____   Salário médio _____
Total
Média mensal de *turnover* – ano-base _____%   Média mensal de admissões – ano-base _____%   Média mensal de demissões – ano-base _____%
2. Administração de salários
Quais os grupos de cargos administrados pela área?   Horistas _____ Mensalistas _____ Executivos _____
Qual o sistema de avaliação adotado?   _____
Qual a amplitude da faixa salarial para cada grau?   Horistas _____ Mensalistas _____ Executivos _____
Costumam efetuar reajustes em suas faixas salariais periodicamente?   Sim ( )   Não ( )
Se positivo, qual o percentual aplicado nos dois últimos reajustes?   Horistas _____ Mensalistas _____ Executivos _____

(continua)

(continuação)

Que procedimento adotam para efetuar reajustes nas faixas?
_____
_____
Qual o critério adotado para atualização das faixas de estagiários?
_____
_____
Concedem aumentos por vencimento de experiência? Sim ( )   Não ( )
Se positivo, qual o percentual concedido? Horistas _____% Mensalistas _____% Executivos _____%
Concedem aumentos por mérito? Sim ( )   Não ( )

2.5.3 Coleta de dados do mercado

Definidos os trabalhos de referência e as empresas-amostras, o passo seguinte é colher as informações para a pesquisa. A colheita de informações em uma pesquisa salarial pode ser feita por meio dos seguintes meios:

- Questionário a ser preenchido pelas empresas participantes.
- Visitas e consequente intercâmbio pessoal de informações por meio de entrevistas ou reuniões.
- Reuniões de associações de empresas ou associações de classe.
- Cartas ou *e-mails* quando as empresas pesquisadas estão localizadas à distância.
- Telefonemas, quando as pesquisas são curtas e o relacionamento entre os profissionais das empresas é mais profundo.

O principal meio de colheita de informações é, sem dúvida, o questionário, pela facilidade de manuseio e de registro dos dados.

2.5.4 Tabulação e tratamento dos dados

De posse dos dados do mercado de salários escolhido, o passo seguinte é a tabulação e o tratamento estatístico dos dados que permitam a comparação com os salários internos, a fim de analisar se a estrutura salarial está satisfatória ou se precisa passar por correções.

Quadro 2.17 Resultados de uma pesquisa salarial[27]

Pesquisa salarial				
Cargo pesquisado: Analista de Gestão Humana				Data: ___ / ___ / _____
Empresa	**Frequência**	**Menor salário**	**Maior salário**	**Salário médio**
B	3	5.870,00	5.874,00	5.872,00
C	1	5.871,00	5.871,00	5.871,00

(continua)

(continuação)

Pesquisa salarial				
Z	4	5.766,00	5.672,00	5.668,00
A	6	5.460,00	5.474,00	5.465,00
F	3	5.462,00	5.468,00	5.464,00
E	8	5.461,00	5.466,00	5.463,00
D	1	5.462,00	5.462,00	5.462,00
Salários médios	N = 26	5.665,00	5.700,00	5.664,00

2.6 DESENHO DE SISTEMAS DE REMUNERAÇÃO

O desenho e a construção de sistemas de remuneração devem atender às necessidades específicas de cada empresa e de seus colaboradores. Se possível, devem ser feitos sob medida para cada caso e situação. Existem alguns sistemas que focalizam o indivíduo e outros que focalizam a equipe.

2.6.1 Planos individuais

Os planos individuais visam à remuneração de cada pessoa em função do trabalho ocupado e do desempenho individual, tendo em vista critérios e objetivos que servem como padrão de referência. Onde a tarefa é independente e autônoma, os planos individuais são os mais indicados.

- **Salário pelo tempo trabalhado**: constitui o plano individual de remuneração mais comum. O pagamento é proporcional ao período de tempo dedicado ao trabalho: hora, dia, semana ou mês. O pagamento não se relaciona com desempenho ou resultado de produção, mas com o tempo no trabalho. A grande massa dos assalariados recebe pelo período de tempo que dedicam ao trabalho na empresa. É a jornada do trabalho que define a remuneração. Na prática, as empresas que utilizam sistemas de remuneração baseados no tempo são forçadas a buscar outras recompensas adicionais, como planos de promoções ou gratificações anuais ou semestrais. Ou recompensas intrínsecas, como o enriquecimento do trabalho.

- **Incentivo por tempo de casa**: para complementar a remuneração, algumas empresas oferecem o incentivo por tempo de casa, que é automaticamente agregado ao salário após determinado período de tempo. É também chamado abono anual, bienal, quinquenal etc. Trata-se de um modo de recompensar a experiência profissional na casa em função do aumento da habilidade com o passar dos anos. Serve como um reforço positivo para a permanência a longo prazo na organização.

- **Incentivo de mérito**: é um incentivo salarial que busca proporcionar diferenciação quanto ao desempenho excepcional. Algumas empresas oferecem um tipo de plano de incentivo que representa um pagamento adicional baseado no mérito do colaborador. Geralmente, é um incentivo decorrente da revisão do desempenho e funciona como um reforço positivo do desempenho excelente. Quase sempre é um valor adicional agregado ao salário do indivíduo. A ideia é recompensar a excelência passada e encorajar a futura excelência do desempenho. Quando o bom desempenho é facilmente definível e identificável, esse tipo de plano torna-se fácil de implantar e pode funcionar relativamente bem. Parte-se de uma estimativa comportamental de desempenho que deve servir como padrão ou objetivo. As pessoas, contudo, devem perceber que o incentivo é, de fato, baseado no desempenho alcançado e aferido conforme a revisão do desempenho individual. Quase sempre é um valor adicional agregado ao salário, mas também pode ser um bônus ou gratificação anual.

- **Prêmio de produção**: é um plano de incentivo relacionado diretamente com o volume de produção realizado pelo colaborador. Portanto, relacionado com a produtividade individual. A ideia é recompensar a produção realizada acima dos padrões normais. Quase sempre é um valor diretamente ligado ao volume de produção à medida que ele excede os padrões normais. Não é um valor agregado ao salário, pois depende apenas da produção excedente em relação aos objetivos fixados. É amplamente utilizado em conjunto com o salário pelo tempo trabalhado ou com a remuneração por peça produzida.

- **Remuneração por peça produzida**: é o plano de incentivo mais simples e fácil de instalar, pois está diretamente relacionado com o desempenho da pessoa e com os resultados por ela obtidos. O colaborador é pago de acordo com o número de peças ou itens completados ou produzidos, independentemente de seu esforço pessoal ou do tempo despendido: ganha pelo que produz. Se a pessoa produz muito, ganha muito; se produz pouco, ganha pouco. Apenas o proporcional. Esse sistema tem suas fragilidades e limitações. Em muitos casos, a pessoa não é inteiramente autônoma ou depende das demais pessoas ou máquinas. Sua produção pode não constituir um reflexo direto e único de seu esforço pessoal. Pode faltar energia elétrica ou matéria-prima. O pessoal a jusante e a montante pode reduzir seu ritmo de produção, afetando o desempenho da pessoa. Por outro lado, se não houver um compromisso ou certeza de como a remuneração por peça será concedida, poderá ocorrer profunda insatisfação e as pessoas podem estabelecer normas informais que afetam ou limitam o nível de produção.

- **Comissões**: constitui um plano de incentivo salarial geralmente utilizado para o pessoal de vendas da empresa. Os vendedores são quase sempre pagos por meio de uma percentagem do preço de venda ou volume de vendas efetuado no mês. Em alguns casos, existe um salário fixo que serve de garantia mínima para quaisquer circunstâncias que possam prejudicar o colaborador, independentemente de seu controle pessoal.

- **Curvas de maturidade**: é um plano de remuneração destinado a proporcionar um incentivo ao pessoal técnico da empresa – principalmente quem trabalha em atividades em que o conhecimento tecnológico é fundamental e exige experiência prática e atualização constante. É o caso de engenheiros, pessoal de pesquisa, cientistas etc. Para cada caso, a empresa desenvolve curvas de maturidade específicas. O tempo de experiência profissional e a produtividade resultante são relacionaoas em uma curva de aceleração descendente.

2.6.2 Planos coletivos

Em muitas organizações, as pessoas trabalham em equipes, em que cada uma é estreitamente interdependente e interagente das demais. Essa característica exige que as recompensas sejam coletivas. Daí a necessidade de planos coletivos a fim de que o desempenho de cada pessoa possa contribuir efetivamente para o desempenho da sua equipe. São planos que oferecem premiação baseada no desempenho coletivo da equipe, relacionando-o com o alcance de objetivos organizacionais ou com programas de aumento da produtividade. Assim, os planos coletivos visam distribuir a mesma recompensa para todos os membros da equipe, tendo em vista os resultados alcançados por ela. Os principais tipos de planos coletivos são os seguintes:

- **Planos de incentivo à produção**: são planos de incentivo coletivo voltados para o curto prazo e relacionados com objetivos específicos de produção ou de produtividade. Uma equipe de trabalho pode receber um prêmio de produção para os níveis de produção que excedam um volume predeterminado. Ou podem receber um incentivo por unidade produzida a mais, além do volume normal de produção esperado. A vantagem desses planos em comparação com os incentivos mais genéricos e amplos é que o incentivo de produção se relaciona diretamente com aquilo que o empregado pode influenciar (custos) e não sobre aquilo que ele tem controle quase nulo (lucratividade).

- **Planos de participação nos ganhos de produtividade**: existem sistemas de recompensas especialmente desenhados para incentivar pessoas de acordo com a produtividade do grupo ou da organização em sua totalidade. Os planos de participação nos ganhos decorrentes de produtividade (*gain-sharing*) são geralmente desenhados para aferir e dividir o aumento obtido na produtividade entre a empresa e as pessoas envolvidas. É um plano indicado para situações em que os níveis quantitativos de produção são facilmente mensuráveis e, mais do que isso, importantes indicadores do sucesso da empresa. Os aumentos de produtividade são mensurados e distribuídos em proporções variadas entre o grupo envolvido e a empresa. Trata-se, pois, de um compartilhamento em razão de um ganho objetivo de produtividade alcançado por meio do esforço de um grupo de pessoas e com base em condições oferecidas pelo gestor ou pela organização. A elevada produtividade é um aspecto importante na satisfação das pessoas que participam do processo produtivo. Daí a importância de se repartir proporcionalmente os ganhos derivados da produtividade entre as pessoas e a empresa. Com isso, os colaboradores ganham um sentimento de participação financeira e psicológica nas melhorias em produtividade.

- **Planos de participação nos lucros**: os planos de participação nos lucros (*profit-sharing*) são desenhados para proporcionar uma distribuição de certa porcentagem dos lucros da empresa com o pessoal que colaborou em seu alcance, conforme sua posição na organização. O ponto básico é que esse sistema introduz entre os colaboradores um sentido de participação nos resultados finais. A ideia é que se os colaboradores percebem que seus ganhos dependem do sucesso global da empresa, eles estarão mais predispostos a aumentar sua eficácia na organização. Em geral, a participação nos lucros está estrita ao desempenho do menor agregado possível de pessoas, pois quanto maior esse agregado, mais difícil se torna para o indivíduo perceber a recompensa como resultado de seu próprio esforço. A participação nos lucros é, na realidade, um compartilhamento de parte dos resultados alcançados pela empresa ao cabo de um exercício anual, ocasião em que os resultados contábeis e financeiros se tornam completos e disponíveis. A inclusão dos colaboradores na "repartição do bolo" é um passo importante na gestão participativa. Contudo, trata-se de um passo final e não de um passo inicial. Todas as pessoas envolvidas devem estar integradas em torno de um objetivo comum e deve haver um clima de cumplicidade entre pessoas e organização para alcançá-lo. Começar simplesmente pela repartição dos lucros da empresa é começar pelo fim. É retornar ao paternalismo colonialista e aplicar a Teoria X sem rodeios. É colocar a roda à frente dos bois. O começo deve ser a mudança da mentalidade e da cultura organizacional para que possa estimular a efetiva participação das pessoas. A participação nos lucros deve constituir a etapa final da implantação da gestão participativa sob risco de não funcionar e provocar mais problemas do que satisfação. Deve ser o coroamento final dos esforços cooperativos. A eficácia do plano pode sofrer restrições, pois a lucratividade nem sempre está relacionada com o desempenho do colaborador ou da equipe.

SAIBA MAIS

Mudanças no plano coletivo

Existem fatores internos e externos que precisam ser considerados adequadamente. Uma recessão ou a entrada de novos concorrentes no mercado podem provocar um impacto mais significativo. Mesmo quando forças externas afetam seriamente os resultados, torna-se difícil para as pessoas perceberem o quanto seus esforços fazem alguma diferença nos resultados globais. Além do mais, o reforço do incentivo é pequeno devido à enorme amplitude de tempo que decorre do fato e do prêmio recebido devido a ele. Algumas empresas introduzem uma variação no plano fazendo com que parte do lucro apurado seja aplicada em planos de seguridade social ou de complementação de aposentadoria. Aí o longo prazo da recompensa é dilatado ainda mais. E pode cair no esquecimento.

2.7 REMUNERAÇÃO VARIÁVEL

A remuneração tradicional, por ser fixa e imutável, não motiva as pessoas a um desempenho melhor, principalmente quando na empresa os salários são iguais e os desempenhos desiguais. As organizações têm feito grandes esforços para aumentar a produtividade e incrementar a eficiência. Contudo, à medida que alguns colaboradores aumentam sua produtividade, surge uma dúvida: quem se beneficia mais com isso: somente a empresa ou a empresa e o colaborador em conjunto? A produtividade das pessoas somente aumenta e se mantém elevada quando elas também têm interesse em produzir mais. E a remuneração variável está por trás do aumento da produtividade das pessoas. A ideia é associar remuneração ao desempenho individual ou da equipe por meio de um investimento para aumentar a eficácia da organização e manter os custos de remuneração sob controle.

Remuneração variável ou flexível é a parcela da remuneração total creditada periodicamente – mensal, trimestral, semestral ou anualmente – a favor do colaborador. Em geral, é de caráter seletivo (para alguns colaboradores e executivos) e depende dos resultados alcançados pela empresa – na área, no departamento, na equipe ou no trabalho isolado ou específico – em determinado período. Algumas empresas têm migrado para esse sistema e aderiram ao novo figurino. As denominações mudam conforme a empresa: *pay for performance* (P4P), remuneração variável, participação nos resultados ou salário flexível. O desenho do programa também varia, mas o objetivo é sempre o mesmo: fazer do colaborador um aliado e um parceiro interessado nos negócios da empresa.

A remuneração variável é a maneira de adequar o pacote de recompensas com as necessidades individuais de cada pessoa. Os planos do tipo *menu* oferecem a cada pessoa um pacote total de remuneração – direta e indireta –, em que ela deve escolher como alocar ou gastar seu dinheiro. Pode receber tudo em dinheiro ou parte em benefícios sociais. Em alguns planos, a escolha ocorre somente dentro da categoria de benefícios. Esse tipo de sistema é desenhado para assegurar que a pessoa esteja trabalhando para receber as recompensas que ela realmente quer receber. Ou seja, recompensas que tenham utilidade para cada pessoa individualmente. A pessoa define o quanto quer receber em salário mensal, em gratificações semestrais ou anuais e em benefícios, até compor uma remuneração ou ganho integral. A flexibilidade fica por conta da ordem e da variação de cada fator que compõe o *menu*. Contudo, a somatória tem um limite que não pode ser ultrapassado.

Há uma forte vantagem em relação a outros benefícios, pois o colaborador somente recebe mais dinheiro se a empresa tiver os ganhos de produtividade negociados no início do exercício. A remuneração variável não pressiona o custo das empresas. Ela é autofinanciada com o aumento da produtividade e com a redução de custos. Com o sufoco da crise e da abertura de mercado, as empresas estão travando uma desesperada luta contra custos altos. Qualquer aumento de salário e, por tabela, dos encargos seria um passo atrás. A remuneração flexível é a saída. E a motivação gerada pela remuneração flexível tornou-se um importante empurrão para a retomada dos negócios. Ela resume todas as exigências do colaborador moderno, pois leva o profissional a voltar-se para os resultados e ser um verdadeiro intraempreendedor.

 Aumente seus conhecimentos sobre **Flexibilidade e agilidade** na seção *Saiba mais* RBRT 2.3

A condição fundamental para a implantação da remuneração variável é a existência de uma estrutura de trabalhos e salários na empresa que possa servir de base para o sistema. Além disso, a remuneração variável requer quatro condições básicas:

1. A empresa deve estar orientada em seu planejamento estratégico para uma Gestão por Objetivos (GPO) eminentemente participativa, democrática e envolvente. A GPO se torna um poderoso instrumento de revisão do desempenho e do rendimento, quando:
   - Os objetivos são criados e desenhados pelos colaboradores que deverão trabalhar com eles, sem pressões ou normas coercitivas.
   - Os objetivos são dirigidos aos aspectos essenciais do negócio.
   - Há um contrato vivo e não simplesmente um esquema de regras e normas.
2. O processo deve ser simples e de fácil compreensão e acompanhamento que permita a quantificação objetiva do desempenho da organização, de suas unidades e colaboradores.
3. Flexibilidade, de maneira que permita ajustes sempre que necessários.

4. Transparência nos critérios de premiação, que devem ser negociados e aceitos pelos colaboradores envolvidos.

A GPO é uma das boas ideias que foram destruídas pelo furor burocrático de algumas empresas. Quando Drucker definiu o processo em 1954, ele se referia à gestão das empresas por meio de objetivos e autocontrole, isto é, a autodireção autônoma e não burocratizada. O que sobreveio foi a antítese do que ele havia pregado: uma complicada rotina burocrática e inflexível vinda de cima para baixo e fortemente coercitiva e angustiante. Se as bases forem respeitadas, teremos restaurado o verdadeiro conceito de GPO: um sistema eminentemente democrático e participativo e que proporciona retornos tanto à empresa como a todas as pessoas envolvidas.

SAIBA MAIS — **Plano de remuneração flexível**

Segundo a Teoria da Expectativa, é preciso maximizar a valência dos resultados para os colaboradores. O plano de remuneração flexível oferece várias opções e alternativas para cada pessoa, mas mantendo um esquema de núcleo único. Em alguns casos, oferece-se três ou quatro tipos de planos hospitalares para escolha, três ou quatro tipos de veículos, e assim por diante, para oferecer maiores opções de escolha ao colaborador.

VOLTANDO AO CASO INTRODUTÓRIO
O desafio da remuneração na GerSoft

Com o objetivo de melhorar o desempenho e o reconhecimento financeiro de seu pessoal, Geraldo solicitou que Joana, sua gerente de GH, apresentasse a ele uma proposta voltada para remuneração estratégica com foco em resultados. Qual(is) tipo(s) de remuneração Joana poderia apresentar para Geraldo, e com qual argumentação?

2.8 REMUNERAÇÃO BASEADA EM COMPETÊNCIAS

Competências significam características das pessoas que são necessárias para a obtenção e a sustentação de uma vantagem competitiva. As competências constituem os atributos básicos das pessoas que agregam valor à organização. Elas se referem principalmente ao trabalho gerencial e profissional, enquanto as habilidades são utilizadas para avaliar funções técnicas e operacionais. Muitas vezes, elas são avaliadas por blocos de habilidades. A definição das competências utiliza procedimentos similares aos usados nos fatores de avaliação de trabalhos. Contudo, as competências são inerentes às pessoas e não ao trabalho em si.

A remuneração por competências visa remunerar com base naquilo que os colaboradores demonstram saber fazer e fazem, e não com base em seu trabalho ocupado (principalmente quando pessoas e equipes são utilizadas constantemente para atender a diferentes situações de trabalho. Esse sistema encoraja, estimula e recompensa as pessoas a aprender constantemente novas tarefas e competências. Com isso, estimula o constante redesenho e melhorias nos trabalhos e permite que as pessoas possam substituir colegas de trabalho em suas ausências. É altamente indicado para empresas de alta tecnologia ou que se defrontam constantemente com mudanças e inovações no local de trabalho.

Os planos baseados em competências podem ser agrupados em dois tipos:

1. **Plano baseado no conhecimento**: vincula a remuneração com a profundidade do conhecimento relacionado a um trabalho ou função, como cientistas e professores. Para ingressar na carreira, o requisito mínimo é uma graduação universitária. Para avançar na carreira e receber salários mais elevados, é preciso um adicional de educação. A remuneração se baseia no conhecimento que a pessoa que desempenha o trabalho tem (medido pelo número de créditos acadêmicos ou treinamento adicional), em vez do conteúdo do trabalho.

2. **Plano baseado em blocos de habilidades ou multi-habilidades**: vincula a remuneração com o número de diferentes trabalhos ou funções (amplitude de conhecimentos) que um colaborador tem capacidade de desempenhar. O aumento salarial decorre da aquisição de novos conhecimentos, mas eles são voltados para um conjunto de tarefas ou atividades inter-relacionadas. A diferença entre o sistema baseado no conhecimento e o sistema baseado em multicompetências é que as responsabilidades do colaborador podem mudar drasticamente em um curto período de tempo. No primeiro, os colaboradores aprofundam seus conhecimentos em uma única função básica, enquanto no segundo desempenham uma variedade de funções, o que requer um sistema de revisão do desempenho e de treinamento para que os colaboradores atinjam a excelência no desempenho pelo qual são remunerados.

A montagem da estrutura baseada nas competências é semelhante à da estrutura tradicional baseada em trabalhos e funções. Em vez da análise do trabalho, o processo começa com a análise das competências necessárias. Ela constitui um processo sistemático de coleta de informações sobre o conhecimento ou capacitações necessários para o desempenho de um trabalho dentro da organização.[28] A premissa fundamental é que os blocos de competências requeridas devem ser descritos, avaliados e certificados desde que existam dados disponíveis e precisos a respeito deles em relação ao trabalho. Os blocos de competências envolvem diferentes tipos de capacitação requeridos para a realização de um trabalho. Da mesma forma que os fatores de avaliação de trabalhos, os blocos de competências devem ser:

- Derivados do trabalho a ser realizado.
- Focados no desenvolvimento de um quadro de colaboradores bastante flexível.
- Compreendidos e aceitos pelos colaboradores e por grupos de interesses envolvidos.

Os níveis de competências correspondem a graduações dentro de um mesmo bloco, por exemplo:

- Capacidade limitada de aplicar certos princípios ao trabalho.
- Proficiência parcial no trabalho.
- Competência total no trabalho.

A maneira como os colaboradores podem certificar sua competência e sua capacidade em aplicá-la varia muito. Algumas empresas utilizam diplomas dos colaboradores como evidências de certificação; outras, a revisão do desempenho, demonstrações em serviço e testes de certificação para isso. Algumas empresas dispõem de uma comissão de certificação formada por executivos e colaboradores para avaliar e certificar competências de seus colaboradores.

Na prática, o que se busca é a flexibilidade na organização do trabalho, bem como certas decorrências como aumento da produtividade, da qualidade, da frequência ao trabalho, dos níveis de segurança, da satisfação dos colaboradores e da diminuição da rotatividade. No fundo, proporcionar condições para que as pessoas possam se sentir bem remuneradas e agregar valor à organização.

2.9 ORGANIZAÇÃO SEM TRABALHOS DEFINITIVOS

Com a adoção do movimento ágil, as organizações modernas estão se tornando flexíveis e orgânicas, e seus trabalhos se tornam igualmente mutáveis, pois estão sendo redefinidos continuamente. Isso muda toda a base de trabalho para a gestão de salários, que se torna flexível e movediça. A avaliação de trabalhos constitui um exame sistemático e constante dos trabalhos no sentido de especificar o valor relativo de cada trabalho para a organização. Da mesma forma como ocorre com a análise de trabalhos, o processo de avaliação de trabalhos é contingente, pois depende de uma acurada e completa descrição dos trabalhos que lhe servem de base. Sem essa base, a avaliação de trabalhos se torna um processo subjetivo de determinar quanto se deve remunerar cada posição. Sem uma análise de trabalhos que sirva de base e fundamento para o processo de avaliação de trabalhos, o sistema de determinação de salários se torna precário e subjetivo em consequência. É fundamental que haja um critério definido e objetivo de medição – e os critérios que vimos até agora, como os fatores de avaliação, são criados a partir de um consenso a respeito: o trabalho de cada pessoa pode ser avaliado e comparado de maneira objetiva, evitando-se possíveis casos de injustiças.

Com as profundas mudanças que estão ocorrendo nas organizações em função das demandas ambientais e das tecnologias avançadas, a tradicional avaliação de trabalhos tende a desaparecer. Em vez de se basear no processo de análise de trabalhos e descrições de trabalhos, a avaliação de trabalhos mostra forte tendência a mudar de foco. Em vez de focalizar os trabalhos em si, ela tende a focalizar as pessoas que neles trabalham individualmente. Existe um movimento hoje em dia no sentido de repensar como as pessoas são remuneradas e recompensadas. Em vez de focalizar o valor relativo do trabalho para a organização, o processo preocupa-se com o valor que cada pessoa contribui e agrega à organização. Com essa nova focalização, as pessoas são remuneradas de acordo com seu grau de competências e ações efetivas que oferecem e que trazem benefícios e resultados diretos à organização. Quanto mais as pessoas possuem essas competências, melhor elas serão remuneradas. Em consequência disso, os sistemas de pagamento movem-se gradativamente da abordagem tradicional de pagar conforme o trabalho para uma nova abordagem, em que cada colaborador individual se torna o foco principal do sistema: pagar as pessoas de acordo com o valor que elas agregam à organização. Isso é perfeitamente consistente com o que discutimos anteriormente. Essas competências específicas solicitadas às pessoas devem ser detalhadas no planejamento estratégico de GH, para que a organização possa remunerar especificamente aquilo que ajuda a organização e cada um dos colaboradores a atingir seus objetivos. Sabendo que a organização recompensa certas competências e não simplesmente outros fatores, as pessoas passam a ter condições de melhor gerir o seu desempenho e a sua carreira. É que o desempenho conduz às recompensas que cada pessoa recebe e elas ficam sabendo claramente o que precisam fazer para ganhar mais. Dessa maneira, os processos tradicionais de avaliação de trabalhos estão perdendo terreno nas organizações modernas para refletir uma focalização centrada na nova definição da força de trabalho: o pagamento equitativo na base dos serviços que as pessoas realmente prestam à organização.

As pesquisas revelam que todos esses diferentes tipos de programas de remuneração enfatizam um ponto: o pagamento pode ser – e é – uma maneira eficaz de motivação organizacional dos participantes. A revisão do desempenho deve ser bem construída e a recompensa deve ser distribuída à unidade adequada, seja ela o indivíduo ou a equipe. O comprometimento com o sistema é fundamental para que ele possa provocar forte impacto no desempenho individual. E o pagamento é um poderoso e eficaz determinante da satisfação no trabalhado e na produtividade das pessoas. Contudo, é sempre interessante que toda recompensa ou prêmio seja oferecido no tempo mais curto possível em relação ao motivo que o determinou – se possível, em tempo real –, para que constitua um reforço altamente positivo.

2.10 POLÍTICA SALARIAL

Política salarial é o conjunto de princípios e diretrizes que refletem a orientação e a filosofia da organização no que tange aos assuntos de remuneração de seus colaboradores. Assim, todos os critérios atuais e futuros, bem como as decisões sobre cada caso, são orientados por esses princípios e diretrizes. A política salarial não é estática, pelo contrário: deve ser dinâmica e evoluir aperfeiçoando-se com sua aplicação ante situações que se modificam com rapidez.

Uma política salarial deve apresentar o seguinte conteúdo:

- **Estrutura de trabalhos e salários**: classificação dos trabalhos e as respectivas faixas salariais para cada classe de trabalhos.
- **Salários de admissão para as diversas classes salariais**: o salário de admissão para colaboradores coincide com o limite inferior da classe salarial, devendo ser ajustado para o valor intermediário após o período experimental, se o ocupante corresponder às expectativas.
- **Previsão de reajustes salariais**: seja por determinação legal (ou pelos dissídios coletivos), seja espontaneamente a critério da organização. Os reajustes salariais podem ser:
  - **Reajustes coletivos**: visam restabelecer o valor real dos salários, em face das alterações na conjuntura econômica do país. Quando os ajustes coletivos forem espontâneos, sua frequência dependerá da decisão da empresa e não representam direito adquirido para novos ajustes, uma vez que serão compensados à época dos reajustes sindicais.
  - **Reajustes individuais**: suplementam os ajustes coletivos e podem classificar-se em:
    - **Reajustes por promoção**: entende-se por promoção o exercício autorizado, contínuo e definitivo de trabalho diverso do atual em nível funcional superior.
    - **Reajustes por enquadramento**: a empresa procura pagar salários compatíveis com os salários pagos no mercado de trabalho.

  – **Reajustes por mérito**: são concedidos aos colaboradores que devem ser recompensados por seu desempenho acima do normal.

Os principais aspectos da política salarial são os seguintes:[29]

- Deve fazer parte constitutiva e integral da política de pessoal da empresa.
- Os salários devem ser baseados primariamente no valor do trabalho de acordo com a avaliação de trabalhos.
- O sistema deve proporcionar valor maior para recompensar o mérito pessoal ou desempenho que deva ser premiado. A eficácia deve ser recompensada.
- O sistema deve ser flexível a fim de facilitar o desenvolvimento e a mobilidade interna do pessoal, além de acomodar mudanças motivadas por pressões inflacionárias externas e mudanças nos valores relativos de mercado.
- O sistema deve ajudar no recrutamento e na retenção dos colaboradores.
- Todas as pessoas devem estar conscientizadas dos respectivos componentes do sistema.
- O sistema deve facilitar o custeio e o controle dos salários e encargos sociais pagos aos colaboradores.
- A situação nunca é estática. Deve permitir constante adequação ao futuro, com relação a previsões e orçamentos.

As vantagens que a política salarial traz à organização são as seguintes:
- Define o pensamento da organização sobre o assunto, enquadrando-o adequadamente a sua filosofia global.
- Expõe os princípios que representam o espírito que comanda as normas de gestão salarial.
- Estabelece um sistema coerente e lógico de normas e princípios sobre remuneração.
- Possibilita a aplicação das faixas e classes salariais aos casos concretos, facilitando o tratamento do assunto.

A política salarial deve levar em conta todos os aspectos importantes do sistema de recompensas ao pessoal: benefícios sociais, estímulos e incentivos ao desempenho dos empregados, oportunidades de crescimento profissional, garantia de emprego (estabilidade na empresa) etc.

O objetivo da compensação é criar um sistema de recompensas que seja equitativo tanto para a organização quanto para os colaboradores. Patton[30] assegura que uma política de compensação deve atender a sete critérios para ser eficaz:

1. **Adequada**: a compensação deve se distanciar dos padrões mínimos do governo e do sindicato para adequar-se ao desempenho e à contribuição das pessoas.
2. **Equitativa**: cada pessoa deve ser paga proporcionalmente de acordo com seu esforço, habilidades, competências e contribuição para o negócio da empresa.
3. **Balanceada**: salários, benefícios e outras recompensas devem proporcionar um razoável pacote integrado de recompensas.
4. **Eficaz quanto a custos**: salários não podem ser excessivos, considerando o que a organização pode pagar. A eficácia salarial pode ser medida em termos de satisfação das

pessoas e resultados que elas proporcionam ao sucesso organizacional. Essse é o retorno do investimento.

5. **Segura**: salários devem ser suficientes para dar total segurança aos empregados e ajudá-los a satisfazer suas necessidades básicas.

6. **Incentivadora**: os salários devem motivar eficazmente o trabalho produtivo.

7. **Aceitável para os colaboradores**: as pessoas devem compreender o sistema de salários e sentir que ele é razoável para elas e para a organização também.

TENDÊNCIAS EM GH

Em um mundo em dinâmica mudança e transformação, com a profunda influência das modernas tecnologias digitais, os programas de compensação não poderiam ficar à margem. Eles também estão se caracterizando por profundas transformações. O que se nota é que as organizações não podem continuar a manter indefinidamente seus tradicionais, fixos e definitivos programas salariais em um mundo exponencialmente mutável e dinâmico. Muitas organizações estão migrando para sistemas flexíveis focados no desempenho e na entrega de resultados, e abandonando os tradicionais métodos fixos de remuneração. Os novos sistemas incluem planos de remuneração flexível por meio do alcance de metas e objetivos estabelecidos consensualmente. Sem dúvida, remuneração variável por equipes.

2.11 DECORRÊNCIAS DOS SALÁRIOS

Os salários têm vários desdobramentos do ponto de vista legislativo e fiscal. No Brasil, eles geram encargos sociais que são calculados sobre seus valores em uma verdadeira cascata. É que incidem sobre os salários todos os cálculos sobre a previdência social, Fundo de Garantia por Tempo de Serviço (FGTS), salário-educação, acidentes no trabalho, Sesi, Senai e Sebrae, Incra, tempo não trabalhado (repouso semanal remunerado para horistas, férias, feriados, abono de férias, aviso prévio, auxílio enfermidade, 13º salário, despesas de rescisão contratual, além dos reflexos de incidência de todos esses itens). Todos esses encargos e obrigações sociais são suportados e pagos pela organização quando ela remunera seus colaboradores. Com isso, os encargos sociais em nosso país são os maiores do mundo, impactando demasiadamente o custo do trabalho humano em mais 102,06% sobre os salários pagos. Ou seja, a cada R$ 100,00 pagos a um colaborador, a organização deve contribuir com outros R$ 102,06 como encargos sociais. Trata-se de um valor muito elevado, que faz com que os salários em nosso país, embora baixos para o colaborador, sejam altos em comparação com os de outros países.

RESUMO

Todas as organizações adotam um complexo sistema de recompensas e punições para manter seus participantes dentro de comportamentos esperados: recompensam (por meio do reforço positivo) os comportamentos considerados adequados e punem os comportamentos indesejáveis. As recompensas, todavia, são comparadas pelos participantes, com suas contribuições resultando em sentimentos de equidade ou de inequidade, que são subjetivos, mas que definem a maneira pela qual os participantes interpretam a maneira pela qual são tratados pelas organizações.

O principal item das recompensas é o salário, cujo caráter multivariado torna complexa sua gestão. A gestão de salários visa à implantação e/ou manutenção de estruturas salariais capazes de alcançar um equilíbrio ou consistência interno (pela avaliação e pela classificação de trabalhos) simultaneamente com um equilíbrio ou consistência externo (pela pesquisa salarial), e que são conjugados por meio de uma política salarial que define as decisões que a organização pretenda tomar a respeito da remuneração de seu pessoal. A avaliação dos trabalhos pode ser feita por métodos, como o escalonamento de trabalhos, as categorias predeterminadas, a comparação por fatores e a avaliação por pontos. A classificação de trabalhos é feita por pontos, carreiras, grupos ocupacionais, áreas de atividade, categorias etc. Tudo para garantir um equilíbrio interno dos salários. E a pesquisa salarial deve envolver trabalhos de referência em empresas que representem o mercado de salários para garantir o equilíbrio externo. Com os dados internos (avaliação e classificação de trabalhos) e os dados externos (pesquisa salarial), pode-se definir a política salarial da organização.

PONTOS PRINCIPAIS

Stakeholders	Remuneração variável
Compensação	Remuneração por competências
Salário	Desenho de sistemas de remuneração
Remuneração	Métodos de avaliação salarial
Equilíbrio interno	Pesquisa salarial
Equilíbrio externo	Sistemas de remuneração

QUESTÕES PARA DISCUSSÃO

1. Quem são os personagens que compõem os *stakeholders* internos e externos e qual dos dois tipos é o mais relevante para a organização? Justifique sua resposta.

2. Considerando o caráter multivariado da remuneração, um profissional, quando convidado para trabalhar em outra organização, deve se atentar somente à proposta salarial? Justifique.

3. Qual(is) é(são) diferença(s) entre os conceitos de remuneração e de salário?

4. Compare os significados do salário para o indivíduo, para a organização e para a sociedade.

5. Existe conflito entre a expectativa do salário por parte do indivíduo e por parte da organização? Se sim, quais são as ações para mitigar o conflito?

6. Qual a importância de a organização realizar uma avalição e classificação do trabalho?

7. Explique e exemplifique o conceito de *job evaluation*. Comente qual sua importância para a organização.

8. Explique e exemplifique os métodos quantitativo e qualitativo de avaliação do trabalho.

9. Qual o método mais utilizado na avaliação de salários e quais são as etapas que o compõe?

10. Qual a missão de uma equipe de avaliação de trabalhos?

11. Qual a importância de a organização realizar uma pesquisa salarial?

12. Como uma organização pode utilizar os planos individuais e coletivos de remuneração para melhorar os resultados organizacionais?

13. Conceitue remuneração variável.

14. Em qual organização é mais recomendável o uso da remuneração por competências? Justifique.

15. Quais mudanças estão ocorrendo no processo de gestão de salários no mundo contemporâneo? Comente os motivos.

16. Comente o que é e qual a importância da definição de uma política salarial na organização.

 Acesse um caso sobre **O negócio em sua totalidade** na seção *Caso de apoio* RBRT 2.1

REFERÊNCIAS

1. CHIAVENATO, I. *Recursos humanos*: o capital humano das organizações. 11. ed. São Paulo: Atlas, 2020.

2. CHRUDEN, H. J.; SHERMAN JR., A. W. *Personnel management*. Cincinnati: South-Western Publishing Company, 1963. p. 520.

3. CHRUDEN, H. J.; SHERMAN JR., A. W. *Personnel management, op. cit.*, p. 520.

4. CHIAVENATO, I. *Recursos humanos, op. cit.*, p. 268.

5. BRITISH INSTITUTE OF MANAGEMENT. *Job Evaluation*. London: Management Publications, 1970.

6. CHIAVENATO, I. *Recursos humanos, op. cit.*, p. 269.

7. PATTON, J. A.; LITTLEFIELD, C. L.; SELF, S. A. *Job evaluation*: text and cases. Homewood: Richard D. Irwin, 1964.

8. LOTT, M. R. *Wage scales and job evaluation*. New York: Ronald Press, 1926.

9. BENGE, E. J.; BURK, S. L. H.; HAY, E. N. *Manual of job evaluation*. New York: Harper & Row, 1941.

10. CHIAVENATO, I. *Recursos humanos, op. cit.*, p. 270.

11. CHIAVENATO, I. *Recursos humanos, op. cit.*, p. 272.

12. CHIAVENATO, I. *Recursos humanos, op. cit.*, p. 272.

13. LIVY, B. *Job evaluation*: a critical review. Londres: George Allen & Unwin, 1975. p. 53.

14. LIVY, B. *Job evaluation, op. cit.*, p. 64-65.

15. CHIAVENATO, I. *Recursos humanos, op. cit.*, p. 274.

16. BENGE, E. J.; BURK, S. L. H.; HAY, E. N. *Manual of job valuation, op. cit.*

17.　CHIAVENATO, I. *Recursos humanos, op. cit.*, p. 274.

18.　CHIAVENATO, I. *Recursos humanos, op. cit.*, p. 275.

19.　LOTT, M. R. *Wage scales and job evaluation, op. cit.*

20.　CHIAVENATO, I. *Recursos humanos, op. cit.*, p. 279.

21.　CHIAVENATO, I. *Recursos humanos, op. cit.*, p. 280.

22.　SILVA LEME, R. A. *Curso de estatística*. Rio de Janeiro: Ao Livro Técnico, 1981. p. 231.

23.　CHIAVENATO, I. *Recursos humanos, op. cit.*, p. 281.

24.　CHIAVENATO, I. *Recursos Humanos, op. cit.*, p. 280.

25.　CHIAVENATO, I. *Recursos Humanos, op. cit.*, p. 280.

26.　CHIAVENATO, I. *Recursos Humanos, op. cit.*, p. 284.

27.　CHIAVENATO, I. *Recursos Humanos, op. cit.*, p. 285.

28.　MILKOVICH, G. T.; BOUDREAU, J. W. *Human resource management*. Burt Ridge: Irwin, 1994. p. 562.

29.　LIVY, B. Job *Evaluation, op. cit.*, p. 152-153.

30.　PATTON, T. *Pay*. New York: Free Press, 1977.

3 PLANOS DE BENEFÍCIOS SOCIAIS

OBJETIVOS DE APRENDIZAGEM

- Compreender a função dos benefícios sociais para a organização e para o colaborador.
- Entender os benefícios sociais como estratégia de manutenção e atração de talentos.
- Distinguir os tipos de benefícios sociais, sua classificação e sua natureza.
- Analisar os benefícios sociais como custo e ao mesmo tempo investimento.
- Compreender os princípios dos benefícios sociais para o desenho do pacote de benefícios.
- Compreender as vantagens da personalização dos benefícios sociais.
- Conhecer os tipos de planos de uma previdência privada.

O QUE VEREMOS ADIANTE

- O pacote de benefícios sociais.
- Origens dos benefícios sociais.
- Tipos de benefícios sociais.
- Critérios para o desenho do plano de benefícios sociais.
- Flexibilização do plano de benefícios sociais.
- Objetivos dos planos de benefícios sociais.
- Previdência privada.

CASO INTRODUTÓRIO
Contábil Assessoria & Consultoria

A empresa nasceu com poucos recursos, oferecendo aos seus colaboradores somente os benefícios sociais legais. Desde sua fundação, até o momento, não realizou nenhuma mudança, já que, para os sócios, aumentar benefícios é aumentar custos. Porém, com seu crescimento, além de não estar atraindo talentos para compor seu quadro de funcionários, está perdendo ótimos colaboradores. Todavia, em uma pesquisa salarial, identificou que paga em média 10% acima do mercado. Marta foi contratada como nova gerente da Gestão Humana (GH) para reverter esse quadro. Quais os argumentos que ela pode elaborar para convencer os sócios da importância em tratar benefícios como investimento?

INTRODUÇÃO

O salário pago pelo trabalho executado constitui apenas uma parcela do pacote de compensações que as organizações oferecem aos seus colaboradores. A remuneração é geralmente paga de muitas outras formas, além do pagamento em salário. Considerável parte da remuneração total é composta de benefícios sociais e serviços sociais. Esses serviços e benefícios sociais constituem custos para manter pessoal que pesam sobre as organizações. Aliás, um dos custos de maior relevância e importância para as organizações é representado pela remuneração – direta ou indireta – de seus colaboradores, em todos os níveis hierárquicos. A remuneração direta – o salário –, nessa abordagem, é proporcional ao trabalho executado, enquanto a remuneração indireta – os serviços e benefícios sociais – é geralmente comum para todos os colaboradores, independentemente do seu trabalho. Algumas organizações têm desenvolvido planos diferentes de serviços e benefícios sociais para diferentes níveis de colaboradores: diretores, gerentes, supervisores e colaboradores mensalistas, horistas etc.

Benefícios sociais são as facilidades, as conveniências, as vantagens e os serviços que as organizações oferecem a seus empregados, no sentido de poupar-lhes esforços e preocupação. Podem ser financiados, parcial ou totalmente, pela organização; contudo, constituem sempre meios indispensáveis na manutenção de força de trabalho dentro de um nível satisfatório de moral e produtividade.

Do ponto de vista da organização, os benefícios sociais são analisados do ponto de vista da relação com os custos da remuneração total, os custos proporcionais dos benefícios, a oferta do mercado (o que as outras empresas oferecem a seus colaboradores) e seu papel em atrair, reter e motivar talentos na organização. Do ponto de vista dos colaboradores, os benefícios são analisados em termos de equidade (sua distribuição justa e balanceada) e adequação às suas necessidades e expectativas pessoais. Esses são os dois parâmetros principais no planejamento de benefícios sociais.

SAIBA MAIS — **Salário ou benefícios?**

Nem sempre o salário é o maior atrativo das organizações. Em muitas delas, o salário está contido na média do mercado, e a atração mesmo está em outro lugar, como nos benefícios sociais oferecidos, na camaradagem no local de trabalho ou no renome da empresa, que brilha nos olhos das pessoas. E, por outro lado, nem sempre as pessoas colocam o salário em primeiro lugar quando escolhem uma empresa para trabalhar, mas em outras características. O pacote de benefícios sociais pode ser um dos maiores atrativos que uma organização pode oferecer e engajar colaboradores.

3.1 O PACOTE DE BENEFÍCIOS SOCIAIS

Os benefícios sociais constituem um importante aspecto do pacote de remuneração. O benefício é uma forma de remuneração indireta que visa oferecer aos empregados uma base para a satisfação de suas necessidades pessoais. Seus itens mais importantes são:

- **Transporte do pessoal**: a empresa pode oferecer um veículo para o colaborador de alto nível e que fica à sua inteira disposição. O plano pode oferecer diferentes padrões de carro de acordo com o nível hierárquico de cada executivo. E a troca do veículo pode ser feita a cada dois ou três anos. Em muitos casos, é incluído o seguro total, manutenção e até combustível pagos integralmente pela empresa. Para os níveis de diretoria, até o motorista é incluído no pacote de benefícios.

  Para os demais colaboradores e pessoal de operações, o transporte pode ser oferecido na forma de linhas de ônibus especialmente fretados pela empresa para atender à distribuição geográfica do pessoal. O custo do transporte pode ser totalmente assumido pela empresa ou parcialmente repassado ao pessoal por meio de preços subsidiados e descontados em folha de pagamento. Uma alternativa mais simples e econômica é a concessão de vale-transporte.

- **Alimentação**: o programa de alimentação ao pessoal varia extensamente. Pode incluir a instalação de refeitórios e cozinhas industriais, e envolver a oferta de lanches, cafezinho, bar, cafeterias etc. dentro da própria empresa ou, ainda, oferta de desjejum gratuito no início do expediente. Algumas empresas promovem o café da manhã como uma oportunidade para o gestor tomar o desjejum em conjunto com sua equipe e trocar ideias informalmente a respeito do dia de trabalho. O pacote pode também representar simplesmente a concessão de vale-refeição para que o colaborador o utilize em qualquer restaurante nas imediações do trabalho.

- **Assistência médico-hospitalar**: pode ser de livre escolha ou direcionada, com diferentes padrões de serviços com seus respectivos custos, à opção de cada colaborador. Quase sempre há uma partilha dos custos entre empresa e colaborador em proporções que variam conforme a empresa. Em alguns casos, envolve revisão médica completa e anual para o colaborador. Ocasionalmente, cobertura total ou parcial de despesas farmacêuticas. O pacote pode ser complementado com ambulatórios dentro da empresa para serviços médicos e consultas internas para o pessoal, além do atendimento de casos de acidentes no trabalho. O seguro-saúde contratado com empresas seguradoras especializadas e participação variável no seu custeio também é uma alternativa disponível no mercado.

- **Assistência odontológica**: pode ser oferecida por meio de consultório dentário na própria empresa com equipe própria ou contratada por meio de convênios com entidades especializadas externas e com custeio total ou parcial pela empresa. Também pode ser oferecida por meio de clínicas ou consultórios externos mantidos por empresas especializadas.

- **Seguro de vida em grupo**: o plano de seguro de vida em grupo é mais barato do que o plano individual e pode ser custeado total ou parcialmente pela empresa. Ocasionalmente, envolve também o seguro de acidentes pessoais.

- **Planos de empréstimos pessoais**: constituem uma espécie de assistência financeira da empresa ao seu pessoal. Há uma diversidade de opções nesse sentido, desde planos simples de estudo de casos individuais e formulação de alternativas de empréstimos e de reembolsos com ou sem juros até planos mais sofisticados que envolvem valores maiores e prazos mais dilatados de reembolso. Quase sempre são geridos pelo serviço social da organização.

- **Serviço social**: trata-se de um benefício muito comum nas empresas e é oferecido a todos os colaboradores, especialmente os mais humildes, por meio de assistentes sociais. Pode envolver assistência social em três níveis:

  - **Solução de casos e problemas individuais**: é a técnica caso a caso, à medida que os problemas vão se apresentando.

  - **Pesquisas sociais mais abrangentes**: que detectam e localizam as causas dos problemas sociais mais frequentes e buscam a antecipação de sua solução pela remoção das causas mais frequentes dos problemas sociais encontrados.

  - **Por meio de soluções mais amplas**: que afetam e envolvem a própria comunidade social ao redor do local físico da organização. Constitui o enfoque mais abrangente de serviço social que se estende à região.

- **Assistência jurídica**: ou legal constitui a oferta de assessoria jurídica por meio do corpo de advogados da própria empresa para o atendimento a problemas legais enfrentados pelo pessoal. Quase sempre é oferecida gratuitamente.

- **Planos de seguridade social ou de complementação de aposentadoria**: são planos destinados a assegurar uma vida mais segura para as pessoas a partir do momento de seu desligamento da empresa por motivo de aposentadoria. Existe no mercado uma variedade de planos, que envolvem desde fundações fechadas, que são criadas pelas próprias empresas para garantir renda adicional de aposentadoria, passando pela adesão a entidades abertas de seguridade, até a contratação de planos de renda mensal assegurada para valer a partir do afastamento definitivo do colaborador. Os planos de seguridade social podem incluir ou não seguro de vida do titular, extensão de pensão vitalícia para a viúva no caso do falecimento antecipado do titular ou depois da concessão do benefício, assistência médico-hospitalar para o aposentado e a esposa etc.

Todos os benefícios listados são denominados benefícios assistenciais por seu cunho nitidamente protecional e assistencial. São desenhados especificamente para atender a necessidades fisiológicas e de segurança, isto é, as necessidades primárias das pessoas.

- **Grêmio ou clube**: constitui uma forma de recreação ou divertimento. Muitas vezes, a empresa projeta e instala um grêmio ou clube social para o devaneio e lazer de seu pessoal, seja nos intervalos das refeições, seja após o expediente de trabalho. O projeto pode envolver salas de jogos, salas de leituras, salas de esportes etc. Pode também envolver lazer recreativo, esportivo e cultural. Outras vezes, a empresa projeta simplesmente uma área de lazer em um imóvel para os intervalos de repouso. Ocasionalmente, o grêmio ou clube é construído como uma colônia de férias em alguma localidade adequada para isso. Ou então a empresa promove por meio de seu serviço social um programa de excursões frequentes ou de férias coletivas.

3.2 ORIGENS DOS BENEFÍCIOS SOCIAIS

Os serviços e benefícios sociais têm história relativamente recente e estão intimamente relacionados com a gradativa conscientização da responsabilidade social das organizações. As origens e o crescimento acelerado dos planos de serviços e benefícios sociais devem-se aos seguintes fatores:

- Exigências dos colaboradores quanto aos benefícios sociais.
- Exigências dos sindicatos e das negociações coletivas.
- Legislação trabalhista e previdenciária imposta pelo governo.
- Competição entre as organizações na disputa pelo mercado de candidatos, seja para atraí-los, seja para mantê-los.
- Controles salariais exercidos pelo governo, principalmente no caso de salários elevados, seja no caso da regulamentação de índices oficiais de reajustes salariais por dissídio ou acordo sindical.
- Elevados impostos atribuídos às organizações e aos colaboradores: ambas as partes passaram a localizar e explorar meios lícitos de fazer deduções de suas obrigações tributárias.

Em geral, os planos de serviços e benefícios sociais foram inicialmente orientados para uma perspectiva paternalista e limitada justificada pela preocupação de reter talentos e baixar a rotatividade do pessoal. Essa preocupação, embora maior nas organizações cujas atividades se desenvolvem em condições rudes e adversas, e onde se torna crítica a definição de incentivos monetários e não monetários para fixar o pessoal, logo se espalhou para as demais organizações. Hoje, os serviços e benefícios sociais, além do aspecto competitivo no mercado de trabalho, constituem-se em atividades da organização voltadas para a preservação das condições físicas, sociais e mentais de seus colaboradores. Além da saúde, as atitudes e os comportamentos dos colaboradores são os principais objetivos desses planos.

3.3 TIPOS DE BENEFÍCIOS SOCIAIS

Os planos de serviços e benefícios sociais geralmente são desenhados e planejados para auxiliar o colaborador em três áreas de sua vida:

1. **No exercício do trabalho**: gratificações, seguro de vida, assistência social, prêmios de produção etc.
2. **Fora do trabalho, mas dentro da organização**: lazer, refeitório, cantina, transporte etc.
3. **Fora da empresa, ou seja, na comunidade**: recreação, atividades sociais, culturais e comunitárias etc.

3.4 CLASSIFICAÇÃO DOS BENEFÍCIOS SOCIAIS

Os planos de serviços e benefícios sociais podem ser classificados de acordo com sua exigência, sua natureza e seus objetivos (Figura 3.1).

■ **Quanto à sua exigência legal**: nessa categoria, os planos podem ser classificados em legais ou espontâneos.

- **Benefícios legais**: são os benefícios exigidos pela legislação trabalhista ou previdenciária, ou ainda por convenção coletiva entre sindicatos, como:
  - 13º salário.
  - Férias.
  - Aposentadoria.
  - Seguro de acidentes do trabalho.
  - Auxílio-doença.
  - Salário-família.
  - Salário-maternidade.
  - Horas extras.
  - Adicional por trabalho noturno.

Alguns desses benefícios são pagos pela empresa, enquanto outros são pagos pelos órgãos previdenciários.

- **Benefícios espontâneos**: são aqueles concedidos por mera liberalidade das organizações, já que não são exigidos por lei, nem por negociação coletiva. São também chamados de **benefícios marginais** (*fringe benefits*), e incluem:
  - Gratificações.
  - Seguro de vida em grupo.
  - Refeições.
  - Transporte.
  - Empréstimos.
  - Assistência médico-hospitalar diferenciada mediante convênio.
  - Complementação de aposentadoria.

■ **Quanto à sua natureza**: podem ser classificados em monetários ou não monetários.

- **Benefícios monetários**: são aqueles concedidos em dinheiro, geralmente por meio de folha de pagamento e gerando encargos sociais deles decorrentes:
  - 13º salário.

- Férias.
- Aposentadoria.
- Complementação da aposentadoria.
- Gratificações.
- Planos de empréstimos.
- Complementação de salário nos afastamentos prolongados por doença ou acidente no trabalho.
- Reembolso ou financiamento de remédios.
- **Benefícios não monetários**: são aqueles oferecidos na forma de serviços, vantagens ou facilidades para os usuários:
  - Refeitórios.
  - Lanchonete ou cantina.
  - Assistência médico-hospitalar e odontológica.
  - Serviço social e aconselhamento.
  - Clube ou grêmio.
  - Seguro de vida em grupo.
  - Condução ou transporte de casa para a empresa e da empresa para casa.
  - Horário móvel (*flextime*) de entrada e saída do pessoal de escritório.
  - Banco de horas.
  - Trabalho móvel ou *home office*.
- **Quanto aos seus objetivos**: nessa categoria, podem ser classificados em assistenciais, recreativos e supletivos.
  - **Planos assistenciais**: são os benefícios que visam prover o colaborador e sua família de certas condições de segurança e previdência em casos de imprevistos ou emergências, muitas vezes, fora de seu controle ou de sua vontade. Incluem:
    - Assistência médico-hospitalar.
    - Assistência odontológica.
    - Assistência financeira por meio de empréstimos.
    - Serviço social.
    - Complementação de aposentadoria.
    - Complementação de salários nos afastamentos prolongados por doença ou acidente no trabalho.
    - Seguro de vida em grupo.
    - Seguro de acidentes pessoais.
  - **Planos recreativos**: são serviços e benefícios que visam proporcionar ao colaborador condições de repouso, diversão, recreação, higiene mental ou lazer construtivo. Em alguns casos, esses benefícios também se estendem à família do colaborador. Incluem:
    - Grêmio ou clube.

- – Áreas de lazer nos intervalos de trabalho.
- – Música ambiente.
- – Atividades esportivas.
- – Passeios e excursões programadas.

Algumas atividades recreativas são saturadas de objetivos sociais, como é o caso de festividades e congraçamentos, visando ao fortalecimento da organização informal.

- **Planos supletivos**: são serviços e benefícios que visam proporcionar aos colaboradores certas facilidades, conveniências e utilidades, para melhorar sua qualidade de vida. Incluem:
  - – Transporte ou condução do pessoal.
  - – Restaurante no local de trabalho.
  - – Estacionamento privativo dos empregados.
  - – Horário móvel de trabalho.
  - – Cooperativa de gêneros alimentícios.
  - – Agência bancária no local de trabalho.

Os planos supletivos constituem as facilidades que, se a organização não as oferecesse, o funcionário teria de comprá-las e provê-las por si próprio.

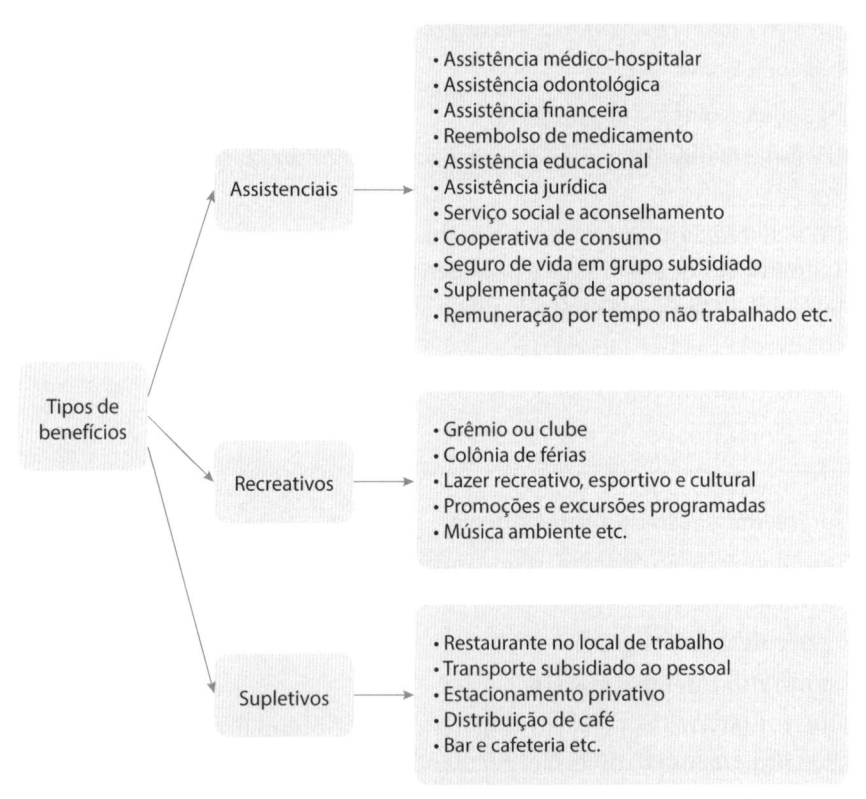

Figura 3.1 Tipos de serviços e benefícios sociais quanto aos seus objetivos.

SAIBA MAIS **Sobre fatores satisfacientes e insatisfacientes**

Todo plano de benefícios sociais deve ser oferecido no sentido de atender a um leque diferenciado de necessidades e aspirações dos colaboradores. Dentro dessa concepção de atendimento às necessidades humanas, os serviços e benefícios sociais constituem um *software* de suporte ou, em outros termos, um esquema integrado capaz de satisfazer os fatores insatisfatórios (ambientais ou higiênicos), bem como alguns fatores satisfatórios (motivacionais ou intrínsecos) descritos por Herzberg.[1] Para tanto, torna-se necessária uma composição integrada de serviços e benefícios aos colaboradores. Essa integração deve ser tanto vertical quanto horizontal. A integração horizontal se refere à sincronização de todos os serviços e benefícios sociais oferecidos a determinado nível hierárquico de colaboradores no sentido de manter coerência entre eles, enquanto a integração vertical se refere à modelagem de cada plano oferecido aos diferentes níveis de colaboradores.

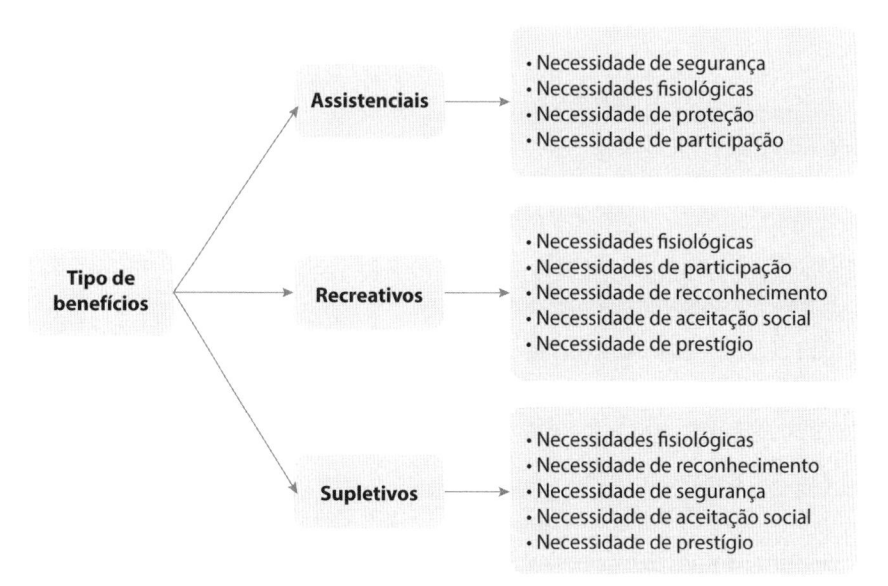

Figura 3.2 Tipos de benefícios sociais e as necessidades humanas.

3.5 CUSTOS DOS BENEFÍCIOS SOCIAIS

Na realidade, benefícios sociais não são custos, mas investimentos que proporcionam vários retornos para a organização. Porém, falar em custos para as organizações é um problema crucial. Um deles e de maior relevância é representado pela remuneração – direta e indireta – de seus participantes em todos os níveis hierárquicos. Na política de remuneração global de qualquer organização, os benefícios extras, isto é, os benefícios concedidos além das exigências legais e além do salário-base, passaram a assumir ultimamente uma substancial parcela do orçamento de despesas que tende a crescer.

A rigor, a remuneração global que a organização concede aos colaboradores é constituída de dois itens básicos:

1. **Remuneração monetária total**: inclui o salário-base, comissões, gratificações e todas as demais verbas recebidas em dinheiro pelo funcionário.
2. **Remuneração indireta**: inclui o valor monetário correspondente ao programa total de benefícios e sua equivalência salarial.

SAIBA MAIS   **Pesquisas salariais**

As pesquisas salariais estão envolvendo cada vez mais os benefícios sociais e sua proporção frente aos salários pesquisados. Uma maneira simples de se avaliar e comparar um plano de benefícios para os colaboradores consiste em fazer corresponder um valor salarial equivalente: esses valores são calculados por meio de uma base aritmética para certos benefícios (como férias, feriados, continuação do pagamento dos salários além dos 15 dias iniciais no caso de afastamento por doença etc.) ou atuarialmente em relação a outros benefícios (como o seguro de vida em grupo, o plano de previdência privada etc.). As comparações mediante utilização de valores salariais equivalentes são mais reais do que as feitas mediante pura comparação entre os custos dos planos de benefícios das organizações que se pretende comparar.

Na verdade, os benefícios sociais variam conforme a organização em função de inúmeras variáveis, como:

- Número de colaboradores envolvidos.
- Características da força de trabalho.
- Nível socioeconômico dos colaboradores.
- Política salarial da organização.
- Distribuição etária dos colaboradores.
- Proporção entre maiores e menores, homens e mulheres, solteiros e casados.
- Localização geográfica da organização.
- Condições de infraestrutura da comunidade.
- Cultura organizacional.

Uma organização que tenha colaboradores mais idosos terá um custo maior pela mesma apólice de seguro de vida em grupo ou pelo mesmo plano de previdência privada do que uma organização que possua colaboradores mais jovens, por exemplo.

Quadro 3.1 Benefícios sociais típicos de executivos

Assistência médico-hospitalar diferenciada.
Automóvel e despesas de manutenção e combustível.
Títulos de clubes sociais.
Aluguel da residência.
Telefone residencial e despesas.
Despesas de educação de dependentes.
Planos de férias especiais.
Planos de atividades recreativas especiais.
Despesas de viagem a serviço do cônjuge.
Pagamento de contribuição a associações profissionais.
Cartões de crédito.
Previdência social paga parcial ou totalmente pela empresa.
Imposto de Renda (pessoa física) pago pela empresa.
Seguro de vida especial.
Seguro especial de acidentes pessoais.
Plano de aquisição de ações da empresa.
Plano especial de aposentadoria.
Revisões médicas (*check-up* médico) periódicas.
Horário móvel.

3.6 CRITÉRIOS PARA O DESENHO DO PLANO DE BENEFÍCIOS SOCIAIS

A adoção de planos e programas de serviços e benefícios sociais não se faz ao acaso. Pelo contrário, decorre de muitos ensaios, discussões e estudos, obedecendo a objetivos e critérios. A participação das pessoas – que são as maiores interessadas na eficácia desses planos – é fundamental para o seu sucesso. Muitas organizações utilizam grupos de pessoas representativas dos diversos níveis e áreas da empresa para discutir e avaliar critérios e planos.

Há vários objetivos e critérios para a definição de um programa de benefícios que, em geral, é negociado e planejado juntamente com a participação de representantes dos colaboradores. Ouvir os colaboradores é parte essencial para conhecer de perto suas necessidades e expectativas, e medir constantemente o seu nível de satisfação a respeito dos benefícios e sua eficiência. Os objetivos referem-se às expectativas de curto e longo prazo da organização e dos participantes em relação aos resultados do programa, enquanto os critérios são fatores que pesam relativamente na ponderação sobre a estrutura do programa, como se pode observar no Quadro 3.2.

Quadro 3.2 Objetivos e critérios de programas de benefícios sociais[2]

Objetivos	Critérios
■ Redução da rotatividade e do absenteísmo ■ Elevação do moral ■ Realce da segurança	■ Custos do programa ■ Capacidade de pagamento ■ Necessidade real ■ Poder do sindicato ■ Considerações sobre impostos ■ Relações públicas ■ Responsabilidade social ■ Reações da força de trabalho

Existem alguns princípios que são utilizados como critérios no balizamento dos serviços e benefícios sociais que a organização pretende implantar ou desenvolver.

3.6.1 Princípio do retorno do investimento

Em uma economia de iniciativa privada, o princípio básico orientador deve ser o de que não se deve empreender voluntariamente nenhum benefício ao funcionário a menos que haja algum retorno para organização, como aumento da produtividade e do moral por parte dos funcionários. Se esse princípio for violado, uma das bases racionais do sistema de livre empresa está minada.[3]

De acordo com Gary, "embora os planos de benefícios se refiram geralmente a benefícios concedidos aos funcionários, é necessário que a organização também se beneficie. A organização necessita de planos de benefícios em certas ocasiões no sentido de recrutar e especialmente de reter funcionários competentes. Assim, a organização precisa controlar os custos dos benefícios e ser capaz de projetar alguns custos para o futuro. Isso pode ser completado mais facilmente com planos formais de benefícios do que com planos informais, que são negociados na medida em que os problemas surgem intempestivamente".[4]

Assim, todo benefício deve trazer uma contribuição para a organização de maneira a ser igual aos seus custos ou, pelo menos, no sentido de compensá-los ou reduzi-los, trazendo algum retorno não financeiro.

3.6.2 Princípio da mútua responsabilidade

O custeio dos benefícios sociais deve ser de mútua responsabilidade, isto é, os custos dos benefícios devem ser sempre compartilhados entre a organização e os funcionários beneficiados.[5] Ou, pelo menos, a concessão de um benefício deve repousar na mútua solidariedade das partes envolvidas.

⊙ SAIBA MAIS   **A mútua responsabilidade**

Uma relação humana mais profunda somente pode ser mantida quando ambas as partes desejam e são capazes de fazer mais do que os requisitos mínimos exigidos. A mútua responsabilidade é a característica de pessoas que cooperam entre si para promover um mútuo propósito de grupo. Como os serviços e benefícios sociais são complementos lógicos dos requisitos do trabalho, a organização tem o direito de esperar padrões mais elevados de eficiência dos funcionários, cujas energias não serão desperdiçadas no combate à condições adversas, como a falta de transporte para o trabalho, a ausência de um refeitório, nenhuma assistência médico-hospitalar, além do Instituto Nacional de Seguridade Social (INSS), a dificuldade de obter empréstimos etc. Esses aspectos tiram o tempo e esforço dos funcionários quando a organização não os oferece.

Alguns itens dos planos de serviços e benefícios são totalmente pagos pela organização, como serviço social, remuneração por tempo não trabalhado etc. Outros itens são rateados, isto é, são pagos em proporções que variam bastante entre a organização e o colaborador, como refeições, transporte, assistência educacional etc. Outros itens, por sua vez, são pagos integralmente pelos colaboradores, como seguro de vida em grupo subsidiado, cooperativa de consumo etc., embora a organização ofereça a infraestrutura básica.

Alguns itens pagos integral ou parcialmente pelos colaboradores, em algumas organizações, são totalmente gratuitos, como refeições, plano diferenciado de assistência médico--hospitalar, assistência odontológica, grêmio etc. Coisas de fácil oferta se tornam isentas de interesse: tudo o que uma empresa oferece gratuitamente aos colaboradores pode parecer, aos olhos destes, algo legalmente obrigatório ou serviço de qualidade inferior. Daí a necessidade de informação e esclarecimento para evitar tais percepções errôneas.

3.6.3 Outros princípios

Além dos princípios do retorno do investimento e da mútua responsabilidade, outros princípios servem como critérios para o desenho de planos de serviços e benefícios sociais:[6]

- Os benefícios aos colaboradores devem satisfazer a alguma necessidade real deles.
- Os benefícios devem confinar-se a atividades em que o grupo é mais eficiente do que o indivíduo. Ou seja, ênfase grupal sobre o aspecto meramente individual.
- O benefício deve estender-se sobre a mais ampla base possível de pessoas. Em outras palavras, o benefício deve ser amplamente distribuído entre os colaboradores e não limitado a poucos deles.
- A concessão do benefício deve evitar conotações de paternalismo benevolente por parte da empresa. Isso significa que o colaborador deve também participar do desenho do plano, do custeio do plano e da gestão do plano.
- Os custos dos benefícios devem ser calculáveis e devem repousar em financiamento sólido e garantido para evitar possíveis problemas futuros. A quantificação de valores deve proporcionar estabilidade do plano no longo prazo.

Nesse contexto, o plano de serviços e benefícios sociais deve atender aos seguintes quesitos:

- Ser vantajoso a longo termo tanto à organização quanto aos seus colaboradores.
- Ser aplicável em bases econômico-financeiras viáveis e defensáveis.
- Ser planejado e custeado entre organização e colaboradores no que se refere a tempo, dinheiro, tarefas e, especialmente, gestão dos serviços.

 VOLTANDO AO CASO INTRODUTÓRIO
Contábil Assessoria & Consultoria

Após convencer os sócios da empresa de que vale a pena ampliar o leque de benefícios espontâneos para os colaboradores e futuros funcionários, Marta precisa desenhar uma proposta de pacote de benefícios para apresentar para a diretoria. Quais os cuidados que Marta deve ter ao realizar o desenho desse pacote?

3.7 FLEXIBILIZAÇÃO DO PLANO DE BENEFÍCIOS SOCIAIS

A questão fundamental dos benefícios é servir a todos os colaboradores da organização – homens, mulheres, jovens, idosos, casados, solteiros. Assim, em princípio, eles devem ser iguais para todos. Porém, onde ficam as diferenças individuais das pessoas? Para que os benefícios sejam percebidos como úteis e eficazes, eles precisam adequar-se ao perfil de cada colaborador. Daí a forte tendência em flexibilizar os benefícios para adequá-los às diferenças individuais dos colaboradores. Cada pessoa tem necessidades diferentes e que também mudam conforme o tempo. Muitos benefícios podem ser extremamente úteis para uma pessoa e inúteis para outra. E isso muda com o crescimento e a história de cada pessoa.

Os benefícios flexíveis funcionam sob um dos seguintes esquemas:

- **A organização oferece um *menu* de benefícios**: cada colaborador escolhe a composição de benefícios que melhor se ajusta às suas necessidades pessoais, desde que o total dos benefícios não ultrapasse certa quantia limite previamente definida. Essa escolha pode ser alterada em função das necessidades futuras do colaborador e em comum acordo com a organização.

- **A organização oferece dois planos de benefícios**: os benefícios básicos e os benefícios flexíveis. Cada colaborador recebe os benefícios básicos – indistinto a todos os colaboradores – e tem uma verba adicional (calculada com base em um percentual de seu salário) para gastar com benefícios flexíveis. Esse é um dinheiro que se vai somar aos benefícios básicos que a organização oferece. Cada colaborador escolhe – de acordo com suas necessidades e conveniências pessoais – onde quer gastar sua verba adicional. O dinheiro pode ser usado para pagar despesas que não são cobertas pelos planos de saúde, como cirurgia estética e tratamento psiquiátrico, por exemplo.

Em geral, a organização reembolsa certa porcentagem – 60 a 80% – dos cursos universitários, de pós-graduação e de inglês, e uma porcentagem das despesas médicas. Em média, a conta *per capita* de benefícios variáveis dos colaboradores varia entre R$ 250 e R$ 500 reais por mês, por exemplo. Em alguns casos é uma verba cumulativa. Se o colaborador não utilizou em um mês, o dinheiro é contabilizado para os meses seguintes. Se o colaborador tiver alguma emergência, pode antecipar a verba dos seis meses seguintes. O dinheiro é do colaborador, que o usa como quer. Só não pode retirá-lo em dinheiro.

 Aumente seus conhecimentos sobre **Benefícios** na seção *Saiba mais* RBRT 3.1

3.8 OBJETIVOS DOS PLANOS DE BENEFÍCIOS SOCIAIS

As pessoas são atraídas e participam da organização não somente em função do cargo, do salário, das oportunidades, da cultura e do clima organizacional, mas também em função das expectativas de serviços e benefícios sociais de que poderão desfrutar. Sem os benefícios sociais, o emprego seria muito diferente do que é. Os benefícios procuram trazer vantagens tanto para a organização quanto para o colaborador, podendo até estender-se à comunidade, no sentido de promover a responsabilidade social da organização.

Quadro 3.3 Vantagens dos benefícios para a organização e para o colaborador

Vantagens dos benefícios	
Para a organização	**Para o colaborador**
▪ Eleva o moral dos colaboradores ▪ Reduz a rotatividade e o absenteísmo ▪ Eleva a lealdade do funcionário para com a organização ▪ Aumenta o bem-estar do colaborador ▪ Facilita o recrutamento e a retenção do pessoal ▪ Aumenta a produtividade e diminui o custo unitário de trabalho ▪ Demonstra as diretrizes e os propósitos da organização para com os colaboradores ▪ Reduz distúrbios e queixas ▪ Promove relações públicas com a comunidade	▪ Oferece conveniências não avaliáveis em dinheiro ▪ Oferece assistência disponível na solução de problemas pessoais ▪ Aumenta a satisfação no trabalho ▪ Contribui para o desenvolvimento pessoal e bem-estar individual ▪ Oferece meios de melhor relacionamento social entre os colaboradores ▪ Reduz sentimentos de insegurança ▪ Oferece oportunidades adicionais de assegurar *status* social ▪ Oferece compensação extra ▪ Melhora as relações do colaborador com a organização ▪ Reduz as causas de insatisfação

Todavia, as vantagens dos benefícios sociais nem sempre podem ser mensuradas ou quantificadas, pois existem aspectos intangíveis e invisíveis em suas consequências. Outro aspecto importante dos serviços e benefícios sociais é sua relativa disfunção quando não são bem planejados e geridos: alguns itens podem ser aceitos com relutância pelos colaboradores, enquanto outros podem dar oportunidades a críticas severas e a queixas pela má qualidade. Assim, podem ocorrer alguns problemas com planos de serviços e benefícios sociais precariamente desenhados e planejados:[7]

▪ Acusação de paternalismo.

▪ Custos excessivamente elevados.

▪ Perda de vitalidade quando o benefício se torna hábito.

▪ Manutenção dos trabalhadores menos produtivos.

▪ Negligência quanto a outras funções de pessoal.

▪ Novas fontes de queixas e reclamações.

▪ Relações questionáveis entre motivação e produtividade.

Em resumo, os planos de benefícios sociais estão geralmente apontados para certos objetivos previamente definidos. Os objetivos referem-se às expectativas de curto e longo prazo da organização em relação aos resultados dos planos. Quase sempre, os objetivos básicos dos planos de benefícios sociais são:

▪ Melhoria da qualidade de vida dos funcionários.

▪ Melhoria do clima organizacional.

▪ Redução da rotação de pessoal e do absenteísmo.

▪ Facilidade na atração e na manutenção de talentos.

▪ Aumento da produtividade em geral.

Os benefícios e serviços sociais têm sido as atividades de GH mais sujeitas à terceirização, isto é, à transferência para outras empresas de serviços, a fim de que a organização possa concentrar-se em suas atividades essenciais, deixando para terceiros as demais atividades periféricas.

A variedade dos pacotes de benefícios e serviços sociais mostra até onde vai a criatividade das organizações para solucionar problemas e criar condições favoráveis para melhorar a qualidade de vida das pessoas.

Quadro 3.4 Benefícios conforme seu conteúdo

1. Alimentação
■ Restaurante e bar
■ Subvenção às refeições
■ Distribuição de leite, café e lanches
■ Cooperativa de consumo ou posto de abastecimento
■ Distribuição gratuita de gêneros alimentícios básicos aos mais necessitados
■ Suplementação e reforço alimentar para marmita

2. Aposentadoria e pensões
■ Convênio com o INSS para pagamento de benefícios (auxílio-natalidade, abono de permanência etc.)
■ Plano especial de aposentadoria ou fundo de seguridade social
■ Benefícios de pré-aposentadoria para dependentes por morte do funcionário
■ Pagamento adicional às indenizações legais
■ Complementação dos benefícios do INSS
■ Assessoria legal para questões previdenciárias

3. Atividades recreativas
■ Associação de empregados
■ Clube social ou grêmio
■ Promoções
■ Colônia de férias
■ Locais e instalações para lazer e jogos no período das refeições
■ Música ambiente
■ Excursões programadas
■ Reuniões de confraternização

4. Remuneração adicional
■ Plano anual de gratificações
■ Antecipação ao dissídio coletivo
■ Adicionais para trabalho em locais afastados ou em turnos
■ Aumento por mérito
■ Remuneração por tempo não trabalhado (ausências por motivos pessoais e ausências por doença ou acidente após os 15 dias, e salário pleno)
■ Prêmios de produção, individuais ou grupais
■ Adicional por horas extras
■ Pagamento do tempo do candidato dedicado aos testes de seleção
■ Gratificação periódica por assiduidade e pontualidade

(continua)

(continuação)

5. Saúde

- Assistência médico-hospitalar (convênio INSS) diferenciada
- Assistência odontológica completa
- Revisões médicas periódicas (*check-up* médico)
- Campanhas periódicas de vacinação
- Campanhas periódicas de higiene
- Assistência pré-natal
- Plano de seguro-saúde
- Reembolso ou financiamento para remédios
- Reembolso de exames médicos e laboratoriais de admissão

6. Seguro de vida em grupo

- Seguro de vida em grupo básico ou adicional para morte acidental e acidentes pessoais
- Seguro de vida pago totalmente pela empresa
- Seguro de vida para viagem a serviço
- Seguro de vida para determinados cargos críticos
- Seguro em grupo para automóveis

7. Transporte

- Condução para o pessoal por meio de frota de ônibus contratada ou própria
- Condução diferenciada para o pessoal executivo
- Automóvel e despesas de combustível e manutenção
- Estacionamento privativo de empresa
- Reembolso de despesas de transporte
- Reembolso de despesas de transferência para outras cidades

8. Educação

- Reembolso ou financiamento total ou parcial de despesas de educação de funcionário
- Plano de desenvolvimento de executivos
- Plano de viagens de estudos a outros locais ou ao exterior
- Bolsas de estudos sorteadas aos filhos de funcionários
- Orientação educacional
- Programa de estágios
- Assinatura de revistas especializadas e de jornais
- Biblioteca e centro de documentação da empresa

9. Facilidades

- Venda de produtos ou serviços da empresa aos empregados
- Fornecimento gratuito de uniformes de trabalho
- Assistência legal e fiscal
- Plano de aquisição de ações da empresa
- Plano de sugestões
- Horário móvel de trabalho
- Planos de empréstimos ao pessoal (conta-corrente)
- Convênio com carteiras de caixas econômicas por empréstimos
- Posto bancário dentro da empresa

(continua)

(continuação)

- Abono por casamento e nascimento de filhos (além da lei)
- Ajuda para aluguel ou compra da casa própria
- Fundos mútuos (cooperativas) de crédito
- Facilidade de acesso ao FGTS para os empregados desligados
- Calendário de compensações de dias que antecedem ou precedem feriados
- Plano de férias coletivas programado

VOLTANDO AO CASO INTRODUTÓRIO

Contábil Assessoria & Consultoria

Apesar de Marta ter realizado uma proposta de novos benefícios, tomando atenção para todas as premissas envolvidas, o que ela apresentou foi um modelo tradicional. Os diretores questionaram se não existia um modelo que pudesse ser mais atrativo e mais flexível. Agendaram nova reunião para que Marta investigasse propostas mais estratégicas para que os benefícios pudessem ajudar na manutenção e na atração de talentos. Qual sugestão você daria para Marta e quais argumentos ela deveria ter para sustentar a nova proposta?

3.9 PREVIDÊNCIA PRIVADA

Um dos planos de benefícios mais custosos – que apresentam maior valor de investimento –, além da assistência médico-hospitalar, é a **previdência privada**. Essa é a razão pela qual estamos tratando esse assunto de maneira individual.

Com a crise da previdência social – já que o INSS apresenta déficits crescentes e continuados –, muitas organizações estão utilizando planos de previdência privada para garantir o futuro de seus colaboradores em suas aposentadorias.

Existe no mercado uma variedade de planos de previdência privada baseados em contribuições feitas mensal ou periodicamente durante vários anos, que constituem um montante acumulado em nome do participante e funcionam como um "bolo" que servirá de capital suficiente para pagar os benefícios futuros: um valor mensal a título de pensão ao beneficiário. O capital é atualizado pela inflação (correção monetária) e é remunerado com juros da poupança. Todo plano de previdência privada envolve duas fases distintas: a fase em que recebe contribuições do participante (e/ou da organização) para formar as reservas de capital e outra fase em que paga o benefício mensal ao participante na forma de complementação de sua aposentadoria, desde o início do período contratado até o final de sua vida ou até o final do período contratado.

O mercado oferece vários tipos básicos de investimentos de longo prazo voltados para a complementação da aposentadoria: a previdência privada tradicional fechada ou aberta, o Fundo de Aposentadoria Programada Individual (FAPI), o Plano Gerador de Benefício Livre (PGBL) e o Vida Gerador de Benefício Livre (VGBL). Vejamos cada um deles:

- **Planos tradicionais**: são planos que já estão no mercado há vários anos na forma de montepios. Alguns deles são fechados – como os fundos de pensão criados especificamente por organizações exclusivamente para seus colaboradores, como o Petrus da Petrobras e o Previ do Banco do Brasil –, enquanto outros são abertos – disponíveis em seguradoras, instituições bancárias e empresas do setor, como Prever, Brasilprev, Bradescoprev etc.

- **FAPI**: funciona como um plano de previdência privada em que o participante adquire cotas de um fundo de investimento, com o compromisso de contribuir periodicamente – pelo menos uma vez por ano. O cotista escolhe o perfil da aplicação financeira que lhe for mais conveniente: conservadora, moderada ou agressiva. No fim do prazo contratado, pode resgatar todo o capital ou receber uma renda mensal vitalícia.

- **PGBL**: o participante adquire cotas de um fundo de investimento de longo prazo, mas não há periodicidade mínima de contribuição. Pode escolher o perfil da aplicação financeira – conservadora, moderada ou agressiva – e o resgate pode ser feito a partir de 60 dias da aquisição ou o participante pode optar por uma renda mensal vitalícia. Como o FAPI, o PGBL não tem garantia mínima de rentabilidade e o rendimento obtido é repassado integralmente para o cliente.

- **VGBL**: esse plano é desenhado para pessoas que possuem um horizonte de investimentos de longo prazo. Permite acumulação de recursos para o futuro que podem ser resgatados na forma de renda mensal ou pagamento único a partir de uma data escolhida pelo participante. Durante o período de acumulação, os recursos aplicados estão isentos de tributação sobre os rendimentos. Somente no momento do recebimento de renda ou resgate é que haverá a incidência de Imposto de Renda (IR) apenas sobre os rendimentos aferidos. A taxa de carregamento – da mesma forma como no PGBL – é decrescente de acordo com o valor da contribuição. A principal diferença entre o PGBL e o VGBL está na tributação. No primeiro, pode-se deduzir o valor das contribuições da base de cálculo do IR, conforme o limite da Receita Federal.

PGBL	Plano	VGBL
• Indicado para investidores que optam pelo formulário completo do Imposto de Renda. • Indicado para investidores que vão usar a previdência com fins de aposentadoria	Para quem é indicado	• Indicado para investidores que declaram Imposto de Renda pelo formulário simplificado ou que são isentos. • Indicado para investidores que desejam dispor de dinheiro em um período mais curto.
• Indicado para investidores que podem deduzir do Imposto de Renda até 12% de seus rendimentos.	Vantagem	• Indicado para investidores que pretendem resgate cuja tributação incida apenas sobre os rendimentos obtidos e não sobre o valor total do saque.

Figura 3.3 Planos de previdência privada e o IR.[8]

A previdência privada está se constituindo atualmente em uma fonte inesgotável de recursos financeiros atuando fortemente no mercado de capitais e investindo pesadamente nas organizações e empresas e, simultaneamente, melhorando a qualidade de vida das pessoas.

RESUMO

Benefícios sociais são facilidades, serviços, conveniências e vantagens oferecidas pela organização aos seus participantes. São recompensas e suas origens são recentes. Quanto à sua exigência, podem ser legais ou espontâneos; quanto à sua natureza, monetários ou não monetários; e quanto aos seus objetivos, assistenciais, recreativos ou supletivos. No fundo, os benefícios constituem meios de que a organização dispõe para satisfazer necessidades humanas (fisiológicas, de segurança, sociais e de estima) no plano de fatores higiênicos ou insatisfacientes.

Os custos dos planos de benefícios sociais podem ser totalmente pagos pela organização, rateados proporcionalmente entre organização e colaboradores ou pagos integralmente pelos colaboradores. Porém, devem ser sempre condicionados ao princípio da mútua responsabilidade, ou seja, seus custos devem ser compartilhados de alguma forma entre organização e colaboradores.

Os objetivos dos planos de benefícios sociais estão voltados para vantagens compartilhadas tanto pela organização quanto, principalmente, pelos colaboradores.

TÓPICOS PRINCIPAIS

Benefícios legais	Investimento
Benefícios espontâneos	PGBL
Planos individuais de benefícios	VGBL
Planos coletivos de indivíduos	Flexibilização
Vantagens	*Menu* de benefícios
Benefícios flexíveis	Retenção de talentos
Princípios	Atração de talentos
Custos	

QUESTÕES PARA DISCUSSÃO

1. Diferencie remuneração direta de remuneração indireta, citando exemplos.

2. Se os benefícios sociais aumentam as despesas organizacionais e o custo da folha de pagamento, por que muitas organizações decidem ampliar a oferta dos benefícios para além dos legais?

3. Quais os principais fatores que desencadearam a existência dos benefícios sociais?

4. Classifique os seguintes benefícios quanto à sua exigência legal, à sua natureza e aos seus objetivos: 13º salário; assistência médica (não prevista em convecção coletiva); vale-transporte; estacionamento para funcionários; ônibus fretado; vale-refeição; grêmio; e banco de horas.

5. Ao mesmo tempo em que os benefícios sociais podem ser considerados custos, podem ser considerados investimentos. Você concorda ou discorda dessa afirmação? Justifique.

6. Qual a vantagem dos planos flexíveis dos benefícios sociais para as organizações e para os colaboradores?

7. Quais os pontos de atenção que se deve ter ao desenhar um plano de benefícios, a fim de reduzir a insatisfação dos colaboradores?

8. Quais os principais objetivos dos planos de benefícios sociais para a organização e para os colaboradores?

9. Explique os planos PGBL e VGBL de previdência privada.

REFERÊNCIAS

1. HERZBERG, F. O conceito de higiene como motivação e os problemas do potencial humano de trabalho. *In*: HAMPTON, D. R. (org.). *Conceitos de comportamento na administração*. São Paulo: EPU, 1973. p. 53-62.

2. SIKULA, A. F. *Personnel administration and human resources management*. New York: John Wiley, 1976. p. 322.

3. FLIPPO, E. B. *Princípios de administração de pessoal*. São Paulo: Atlas, 1970. p. 595.

4. GRAY, R. D. Appraising and integrating employee benefits. *BIRC Publication*. Pasadena, California: Institute of Technology, Industrial Relations Section, n. 3, p. 17, Oct. 1956.

5. PIGORS, P.; MYERS, C. A. *Personnel administration*: a point of view and a method. New York: McGraw-Hill, 1965. p. 546.

6. FLIPPO, E. B. *Princípios de administração de pessoal, op. cit.*, p. 597.

7. SIKULA, A. F. *Personnel administration and human resources management*. New York: John Wiley, 1976. p. 323.

8. SEGALLA, A. Como fazer a escolha certa: o que você precisa saber para investir seu dinheiro em PGBL ou VGBL, os planos de previdência mais populares do mercado. *Revista Época*, n. 514, p. 73, 24 mar. 2008.

4

HIGIENE E SEGURANÇA DO TRABALHO

OBJETIVOS DE APRENDIZAGEM

- Compreender as funções inerentes à higiene e à segurança do trabalho e sua importância.
- Explicar os principais aspectos da medicina ocupacional.
- Identificar as causas, os efeitos e a prevenção do estresse.
- Compreender as causas e as consequências dos acidentes de trabalho.
- Definir a Gestão de Riscos.

O QUE VEREMOS ADIANTE

- Higiene do trabalho.
- Estresse.
- Segurança do trabalho.
- Prevenção de acidentes.
- Gestão de Riscos.

 CASO INTRODUTÓRIO

Super – Máquinas e Equipamentos

A Super é uma empresa tradicional que fabrica máquinas e equipamentos para a indústria automobilística. Nos últimos anos, a empresa vem sofrendo diversas ações trabalhistas, sendo a maioria decorrente do ambiente insalubre de trabalho (iluminação de baixa intensidade, ruído excessivo, aumento do estresse etc.). No rol das ações, existe casos de cunho civil e criminal decorrentes de acidentes graves gerados no processo fabril. É fato que, além dos gastos com advogados e indenizações, ainda existe a perda de produtividade, a desmotivação dos funcionários e outros custos. José, presidente da empresa, decidiu dar um basta nisso tudo e pediu para Marilia, Gerente de Gestão Humana (GH), avaliar a questão. Quais procedimentos iniciais você sugere para Marília?

INTRODUÇÃO

O papel da Gestão Humana (GH) na vida e no comportamento das organizações está se expandindo cada vez mais. As organizações requerem talentos para garantir a sua sustentabilidade e seu sucesso em um mundo cada vez mais dinâmico, mutável, competitivo e exponencial. A GH envolve atividades de suprimento dos talentos necessários à organização, como recrutamento e seleção de pessoas; sua aplicação em postos de trabalho, como descrição e análise de trabalhos e gestão do desempenho; sua manutenção dentro de um espírito construtivo e salutar, por meio de um sistema de remuneração dentro de padrões objetivos, equitativos e motivadores e planos de benefícios sociais destinados a suprir uma cadeia de serviços e amenidades de infraestrutura. Todas essas atividades dentro do contexto organizacional são importantes para a obtenção, a aplicação e a manutenção de habilidades e competências capazes de assegurar a eficiência e a eficácia organizacional que garantam a competitividade e a sustentabilidade da organização. Elas devem ser executadas de maneira contínua e sincronizada para abastecer as necessidades da organização. Outras atividades paralelas são igualmente necessárias para assegurar a disponibilidade das habilidades e das competências da força de trabalho. Os programas de segurança e de saúde constituem atividades paralelas importantes para a manutenção das condições físicas, psicológicas e sociais dos colaboradores. Além de ser uma enorme responsabilidade que toda organização assume com todos os seus colaboradores.

Do ponto de vista da GH, a saúde e a segurança dos colaboradores constituem uma das principais bases para a preservação de uma força de trabalho saudável, dinâmica e preparada. De modo genérico, higiene e segurança do trabalho constituem duas atividades intimamente relacionadas entre si no sentido de garantir condições físicas e materiais de trabalho capazes de manter elevado nível de saúde e bem-estar dos colaboradores. Segundo o conceito emitido pela Organização Mundial de Saúde (OMS), a saúde é um estado completo de bem-estar físico, mental e social, e que não consiste somente na ausência de doenças ou de enfermidades.

4.1 HIGIENE DO TRABALHO

A higiene do trabalho refere-se ao conjunto de normas e procedimentos que visa à proteção da integridade física e mental do colaborador, preservando-o dos riscos de saúde inerentes às tarefas do trabalho e ao ambiente físico onde elas são executadas. A higiene do trabalho está relacionada com o diagnóstico e com a prevenção de doenças ocupacionais a partir do estudo e do controle de duas variáveis: o ser humano e o seu ambiente de trabalho.[1] Assim, todo plano de higiene do trabalho geralmente envolve o seguinte conteúdo:

- **Um plano organizado**: que envolve a prestação não apenas de serviços de médicos, mas também de enfermeiros e auxiliares em tempo integral ou parcial, dependendo do tamanho da organização.
- **Serviços médicos adequados**: envolve dispensário de emergência e primeiros socorros, se for o caso. Essas facilidades devem incluir:
  - Exames médicos de admissão.
  - Cuidados quanto a danos ou injúrias pessoais provocadas por moléstias profissionais decorrentes das atividades do trabalho.

- Ambulatório para consultas médicas e atendimento de primeiros socorros.
- Controle e eliminação de áreas insalubres ou perigosas.
- Registros médicos adequados para fins estatísticos de controle.
- Supervisão quanto às ações relacionadas com higiene e saúde.
- Relações éticas e de cooperação com as famílias de colaboradores doentes.
- Utilização de uma rede externa de hospitais de boa categoria.
- Exames médicos periódicos de revisão e de *check-up*.

- **Prevenção de riscos à saúde**:
  - Riscos químicos (intoxicações, dermatoses industriais etc.).
  - Riscos físicos (ruídos, temperaturas extremas, radiações ionizantes e não ionizantes etc.).
  - Riscos biológicos (agentes biológicos, micro-organismos patogênicos etc.).

- **Serviços adicionais**: como parte do investimento organizacional sobre a saúde do colaborador e da comunidade ao redor da empresa, incluindo:
  - Programa informativo para melhorar os hábitos de vida e esclarecer sobre assuntos de higiene e de saúde. Supervisores, médicos de empresa, enfermeiros e especialistas proporcionam informações no decorrer de seu trabalho regular.
  - Programa formal de convênios ou colaboração com entidades locais, para prestação de serviços recreativos, ofertas de leitura, filmes, radiografias etc.
  - Verificações interdepartamentais – entre médicos, executivos e supervisores – sobre sinais de desajustamento que implicam em mudanças de tipo de trabalho, departamento ou horário de trabalho.
  - Previsões de cobertura financeira para casos esporádicos de prolongado afastamento do trabalho por doença ou acidente, por meio de planos de seguro de vida em grupo ou planos de seguro médico em grupo. Dessa maneira, mesmo afastado do serviço, o colaborador recebe seu salário normal, que é completado por esse plano.
  - Extensão de benefícios médicos a colaboradores aposentados, incluindo planos de pensão ou de aposentadoria.

Quadro 4.1 Exemplo de programa de preservação da saúde[2]

Prevenção médica
Define-se como uma atividade que visa estabelecer o controle de doenças endêmicas e transmissíveis nos locais de atuação da empresa. Entre suas funções, destacam-se as seguintes:
■ Imunização obrigatória contra tétano, varíola etc.
■ Outras imunizações, conforme as exigências regionais.
■ Exame radiológico de tórax para controle de doenças pulmonares.
■ Diagnóstico de doenças degenerativas e crônicas.
■ Vigilância dentária periódica.
■ Incentivo ao uso de flúor na prevenção de cáries.
■ Manutenção de programas com outros órgãos interessados em medidas relativas à saúde mental.
■ Divulgação de ensinamentos relativos à preservação da saúde e à educação sanitária.

(continua)

(continuação)

Prevenção sanitária

■ Manutenção de condições de salubridade dos ambientes de trabalho.

■ Inspeções para pesquisar as condições sanitárias dos locais de trabalho.

■ Manutenção de condições de saneamento básico: tratamento de água, destino adequado de dejetos e de lixo, controle de vetores animados de doenças (ratos, mosquitos etc.).

■ Avaliação das condições sanitárias de alojamentos, dormitórios, cantinas, restaurante etc.

■ Inspeção de refeitórios e locais de armazenamento, manipulação e conservação de alimentos.

Medicina ocupacional

Visa à adaptação do colaborador à sua função e à prevenção de qualquer dano à sua saúde, em virtude das condições de trabalho; e à proteção contra riscos resultantes da presença de agentes prejudiciais à saúde.

Nas atividades de saúde ocupacional, estabelecem-se procedimentos que visam à adaptação e à defesa do colaborador contra a agressividade do meio de trabalho; à realização de estudos sobre fisiologia do trabalho e toxicologia industrial. Entre eles, destacam-se:

■ Inspeção dos ambientes de trabalho, condições de execução e análise de seus efeitos para a saúde dos colaboradores.

■ Cooperação estreita com o órgão de Segurança Industrial na orientação da utilização do Equipamento de Proteção Individual (EPI) e na prevenção de acidentes.

■ Participação ativa na Comissão Interna de Prevenção de Acidentes (CIPA).

■ Atendimento de emergência e socorro às vítimas de acidentes; atendimento médico de urgência aos colaboradores em atividade durante a jornada de trabalho e aconselhamento médico.

■ Treinamento dos colaboradores: abrangendo programação e ensino de medidas de primeiros socorros e prevenção de doenças.

■ Estatística médica: organizar e avaliar dados de morbidade e mortalidade, investigando as possíveis relações com a atividade profissional.

■ Realização de exames médicos: admissionais, periódicos e especiais.

■ Controle do absenteísmo: estudo das causas de ausência ao trabalho por doença e planejamento de medidas de controle.

■ Participação nos programas oficiais Instituto Nacional de Seguridade Social (INSS) de reabilitação profissional.

■ Intercâmbio com as entidades ligadas à medicina do trabalho e previdência social, e medidas para o aproveitamento de recursos médicos comunitários.

■ Formação e treinamento de pessoal especializado: como cursos e disseminação da informação científica.

4.1.1 Objetivos da higiene do trabalho

A higiene do trabalho ou higiene industrial tem caráter eminentemente preventivo, pois objetiva a saúde e o conforto do trabalhador, evitando que adoeça e se ausente provisória ou definitivamente do trabalho.

Entre os objetivos principais da higiene do trabalho, estão:[3]

■ Eliminação das causas das doenças profissionais.

■ Redução dos efeitos prejudiciais provocados pelo trabalho em pessoas doentes ou portadoras de defeitos físicos.

■ Prevenção do agravamento de doenças e de lesões.

■ Manutenção da saúde dos colaboradores e aumento da produtividade por meio de controle do ambiente de trabalho.

Para Baptista,[4] esses objetivos poderão ser alcançados por meio de:

- Educação dos colaboradores, gestores e supervisores indicando os perigos existentes e ensinando como remediá-los ou evitá-los.

- Constante estado de alerta contra os riscos existentes na empresa.

- Estudos e observações dos novos processos ou materiais a serem utilizados no sentido de evitar riscos adicionais.

A higiene do trabalho envolve o estudo e o controle das condições de trabalho, que são as variáveis da situação que influenciam positiva ou negativamente o comportamento humano.

4.1.2 Condições ambientais de trabalho

O trabalho dos colaboradores é profundamente influenciado por três grupos de condições:

1. **Condições ambientais de trabalho**: como iluminação, temperatura, ruído etc.
2. **Condições de tempo**: como duração da jornada de trabalho, horas extras, períodos de descanso etc.
3. **Condições sociais**: como cultura organizacional, organização informal, status, família etc.

A higiene do trabalho ocupa-se prioritariamente do primeiro grupo – condições ambientais de trabalho –, embora não se descuide totalmente dos outros dois grupos. Por condições ambientais de trabalho, queremos nos referir às circunstâncias físicas que envolvem o colaborador enquanto ocupante de um trabalho na organização. É o ambiente físico que envolve o colaborador enquanto ele desempenha um trabalho oferecendo condições favoráveis ou desfavoráveis ao seu desempenho.

Os três itens mais importantes das condições ambientais de trabalho são: iluminação, ruído e condições atmosféricas.

4.1.3 Iluminação

A iluminação refere-se à quantidade de luminosidade que incide no local de trabalho do colaborador. Não se trata da iluminação em geral, mas da quantidade de luz no ponto focal do trabalho executado. Assim, os padrões de iluminação são estabelecidos de acordo com o tipo de tarefa visual que o colaborador deve executar: quanto maior a concentração visual do colaborador em detalhes e minúcias, mais necessária é a luminosidade no ponto focal de trabalho.

A má iluminação causa fadiga à vista, prejudica o sistema nervoso, gera má qualidade do trabalho e é responsável por razoável parcela dos acidentes. Um sistema de iluminação deve possuir os seguintes requisitos básicos:

- **Ser suficiente**: de modo que cada foco luminoso forneça a quantidade de luz necessária a cada tipo de trabalho.

- **Ser constante e uniformemente distribuído**: de modo a evitar a fadiga dos olhos decorrente das sucessivas acomodações em virtude das variações da intensidade da luz. É necessário evitar contrastes violentos de luz e sombra e as oposições de claro e escuro. Os níveis mínimos de iluminação para tarefas visuais estão configurados no Quadro 4.2.

■ **Ser bem disposto**: no sentido de não causar ofuscamento ou resplandescência que traga fadiga à visão em face da necessidade de constantes acomodações visuais.

Quadro 4.2 Níveis mínimos de iluminação para tarefas visuais (em luxes)

Classes	Tipos de tarefa	Luxes
Classe 1	Tarefas visuais variáveis e simples	250 a 500
Classe 2	Observação contínua de detalhes	500 a 1.000
Classe 3	Tarefas visuais contínuas e de precisão	1.000 a 2.000
Classe 4	Trabalhos delicados e de detalhes	+ de 2.000

A distribuição da luz pode ser:[5]

■ **Iluminação direta**: faz a luz incidir diretamente sobre a superfície iluminada de trabalho. É a mais econômica e a mais utilizada para grandes espaços. Requer acomodação visual quando o espaço ao redor se torna escuro.

■ **Iluminação indireta**: faz a luz incidir sobre a superfície a ser iluminada por meio da reflexão sobre paredes e tetos. É a mais dispendiosa. A luz fica oculta da vista por alguns dispositivos ou anteparos opacos. É a mais difusa e homogênea e requer pouca acomodação visual.

■ **Iluminação semi-indireta**: combina os dois tipos anteriores pelo uso de globos translúcidos para refletir a luz no teto e nas partes superiores das paredes que a transmitem para a superfície a ser iluminada (iluminação indireta). Concomitantemente, alguma luz é difundida diretamente pelo globo (iluminação direta), havendo, portanto, dois efeitos luminosos. Requer pouca acomodação visual.

■ **Iluminação semidireta**: é aquela em que a maior parte da luz é dirigida diretamente para a superfície de trabalho a ser iluminada (iluminação direta), havendo, todavia, alguma luz que é refletida por intermédio das paredes e do teto (iluminação indireta). Não requer acomodação visual.

Esses quatro tipos de iluminação são apresentados na Figura 4.1.

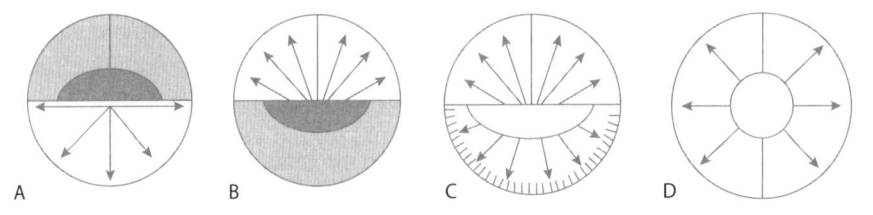

Figura 4.1 Tipos de iluminação: direta, indireta, semi-indireta e semidireta.

4.1.4 Ruído

O ruído é considerado um som ou barulho indesejável. O som tem duas características principais: a frequência e a intensidade. A frequência do som é o número de vibrações por segundo emitidas pela fonte de ruído e é medida em ciclos por segundo (cps). E a intensidade do som é medida por decibéis (db). A evidência e as pesquisas[6] mostram que até certo nível o ruído não provoca diminuição no desempenho do trabalho. Todavia, a influência do ruído sobre a saúde do colaborador e principalmente sobre a sua audição é poderosa. A exposição prolongada a níveis elevados de ruído produz de certa forma alguma perda de audição proporcional ao tempo de exposição. Em outros termos, quanto maior o tempo de exposição ao ruído, maior o grau de perda da audição.

O efeito desagradável dos ruídos depende de vários aspectos:

- Intensidade do som (em decibéis).
- Variação dos ritmos ou irregularidades.
- Frequência ou tom dos ruídos (em ciclos por segundo).

A intensidade do som varia enormemente. A menor vibração sonora audível corresponde a 1 decibel (1 db), enquanto os sons extremamente fortes costumam provocar sensação dolorosa a partir de 120 db. O Quadro 4.3 permite uma rápida ideia da intensidade do som.

Quadro 4.3 Níveis gerais de ruído[7]

Tipo de som	Decibéis
Menor vibração sonora audível	1
Murmúrio	30
Conversação normal	50
Tráfego intenso	70
Início da fadiga causada por barulho	75
Ruídos industriais externos	80
Apitos e sirenes	85
Escapamentos de caminhões	90
Começo da perda de audição	90
Máquinas de estaquear	110
Serrarias	115
Limiar do estrondo doloroso	120
Prensa hidráulica	125
Aviões a jato	130

O nível máximo de intensidade de ruído permitido em ambiente fabril é de 85 db. Acima disso, o ambiente é considerado insalubre. Para alguns autores, ruídos entre 85 e 95 db podem produzir danos auditivos crônicos e diretamente proporcionais às intensidades, frequências e tempos de exposição.[8]

O controle dos ruídos visa à eliminação ou, pelo menos, à redução dos sons indesejáveis. Genericamente, os ruídos industriais podem ser:

- **Contínuos**: como máquinas, motores ou ventiladores.
- **Intermitentes**: como prensas, ferramentas pneumáticas, forjas.
- **Variáveis**: como vozes de pessoas, manejo de ferramentas ou materiais.

Os métodos mais amplamente utilizados para o controle dos ruídos na indústria podem ser incluídos em uma das cinco classificações a seguir:

- **Eliminação do ruído no elemento que o produz**: mediante reparação, adaptação ou novo desempenho da máquina, das engrenagens, das polias, das correias etc.
- **Separação da fonte do ruído**: mediante anteparos ou montagem das máquinas e demais equipamentos sobre molas, feltros ou amortecedores de ruído.
- **Encerramento da fonte de ruído**: dentro de paredes amortecedoras ou à prova de ruídos.
- **Tratamento de tetos, paredes e solos**: em forma acústica para a absorção total de ruídos.
- **Equipamento de proteção individual (EPI)**: como protetor auricular para o colaborador que está exposto ao ruído.

4.1.5 Temperatura

Uma das condições ambientais relevantes é a temperatura. Existem trabalhos cujo local se caracteriza por elevadas temperaturas, como é o caso da proximidade de fornos de side-rurgia e de cerâmica, e de forjarias, nos quais o ocupante precisa vestir roupas adequadas para proteger sua saúde. Em outro extremo, existem trabalhos cujo local de trabalho im-põe temperaturas baixíssimas, como em frigoríficos, que exigem roupas adequadas para proteção ao frio. Nesses casos extremos, a insalubridade constitui a característica principal desses ambientes de trabalho, que exigem EPIs que podem ser desconfortáveis ao usuário, mas que o protegem.

4.1.6 Umidade

A umidade é consequência do alto grau de teor higrométrico do ar. Existem condições ambientais de elevada umidade do local de trabalho, como é o caso da maioria das tecelagens, que exige alta gradação higrométrica para o tratamento dos fios. Porém, existem condições ambientais de pouca ou nenhuma presença de umidade, como é o caso das indústrias cerâ-micas, em que o ar é chamado de seco. Nesses dois casos extremos, a insalubridade também constitui a característica principal.

VOLTANDO AO CASO INTRODUTÓRIO

Super – Máquinas e Equipamentos

Após análise do problema, Marília contratou uma consultoria especializada que ini-ciou realizando um diagnóstico, começando pela produção, área que gera os maio-res problemas. A consultoria apresentou para Marília e José os pontos que merecem ações imediatas:

- Mitigar as condições insalubres e de periculosidade no setor de produção. O objetivo é reduzir as multas e as ações trabalhistas, e, principalmente, preservar a saúde dos colaboradores.

- Identificou-se que os funcionários não estão capacitados para utilizar corretamente os EPIs.

- Os processos produtivos precisam ser revistos, haja vista que a mobilidade e o *layout* da fábrica ajudam a provocar acidentes.

- Avaliar a manutenção das máquinas, pois quebram com certa frequência, podendo causar acidentes.

Nesse contexto, qual(is) ação(ões) Marília deve propor para José, a fim de atuar no diagnóstico apresentado?

4.2 ESTRESSE

A higiene do trabalho não lida apenas com as condições físicas e ambientais do trabalho humano. E ela não se limita às consequências geradas pela fadiga física. Ela lida também com condições psicológicas que provocam fadiga psicológica. É claro que estamos falando do estresse (do inglês *stress* = pressão, tensão, exercer peso). O estresse é uma decorrência de pressões e tensões psicológicas que se acumulam e que pesam sobre o indivíduo e, provocando sérias consequências sobre a saúde mental no trabalho. A palavra *estresse* tem sido utilizada para designar os sintomas produzidos pelo organismo humano em resposta à tensão provocada pelas pressões, situações e ações externas que as pessoas enfrentam no seu cotidiano. Como resultado dessas pressões ou situações, as pessoas desenvolvem vários sintomas – como preocupação, irritabilidade, agressividade, fadiga, ansiedade e angústia – que podem prejudicar o seu desempenho no trabalho e a sua saúde.[9]

Toda pessoa possui certo nível de estresse que é absolutamente normal para que ela possa enfrentar os desafios da vida. Porém, à medida que as pressões, os transtornos e as aflições vão se acumulando, o organismo vai recebendo essa sobrecarga, e em vez de retornar ao seu estado de equilíbrio, tende a se adaptar à pressão permanente e crescente, fazendo com que o estresse aumente gradativamente e o organismo passe a reagir de maneira anormal.

4.2.1 Processo do estresse

O estresse funciona como um processo envolvendo variáveis individuais, organizacionais e extraorganizacionais como estressores – provocadores de estresse –, como é mostrado na Figura 4.2.

Essas variáveis estão envolvidas com estressores, que são fatores do ambiente do trabalho que criam demandas e tensões sobre a pessoa. Os estressores podem ser desafios físicos, demandas de papéis, sobrecarga de trabalho, ruído, tensões interpessoais, desafios, pressões de todos os tipos etc., que afetam o comportamento individual provocando estresse por meio da experiência e da percepção da pessoa e do conflito entre a ameaça e os seus recursos pessoais disponíveis para responder às demandas do ambiente. Os efeitos do estresse envolvem tensão, fadiga, nervosismo e respostas psicológicas como angústia, ansiedade e aflição.

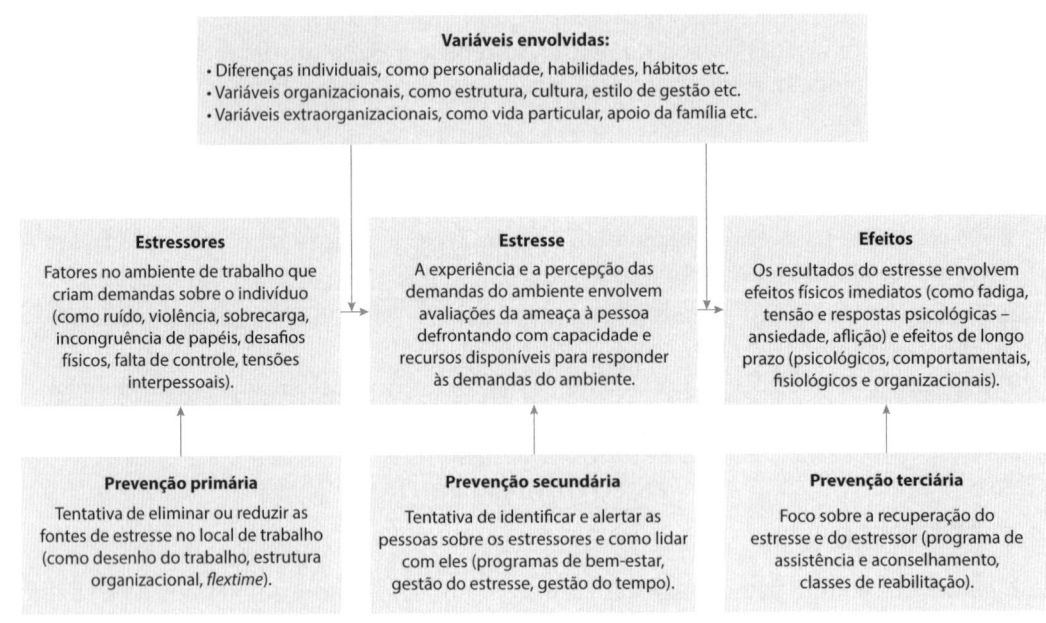

Figura 4.2 A dinâmica do processo de estresse.[10]

Para atuar diretamente sobre os estressores, existem meios de prevenção:

- **Prevenção primária**: permite eliminar ou reduzir as fontes produtoras de estresse no local de trabalho, como adequação do desenho do trabalho às características do ocupante, ajustes na organização do trabalho para torná-lo mais interessante e agradável, adoção de horário flexível de trabalho ou de *home office* etc.

- **Prevenção secundária**: no sentido de identificar, localizar e alertar as pessoas sobre os estressores e aprender a lidar com o estresse por meio de programas de saúde mental e bem-estar, gestão do tempo e gestão do estresse.

- **Prevenção terciária**: no sentido de proporcionar assistência e ajuda às pessoas em termos de aconselhamento e programas de reabilitação.

 **SAIBA MAIS**   **Sobre o estresse**

Para remover ou eliminar o estresse, torna-se necessário avaliar:

- Quais os estressores mais comuns em sua organização.
- Qual a porcentagem de pessoas exposta a esses estressores.
- Quais as formas de agressão desses estressores.
- Como prevenir ou eliminar esses estressores.
- Quais os efeitos desses estressores sobre a saúde e o bem-estar das pessoas.
- Quais os efeitos desses estressores sobre o desempenho organizacional.
- Quais os mecanismos para lidar com esses estressores.
- Quais os meios e as intervenções no trabalho para eliminar esses estressores.

4.2.2 Componentes do estresse

O estresse envolve três componentes principais:[11]

1. **Desafio percebido**: o estresse depende da interação entre a pessoa e a sua percepção a respeito do ambiente que a envolve e não necessariamente da realidade em si. É a realidade percebida pela pessoa que pode provocar o estresse, mesmo que não haja um desafio ou ameaça real.

2. **Valor importante**: o desafio ou ameaça somente provoca estresse quando se relacionar com algo de valor importante para a pessoa.

3. **Incerteza de resolução**: cada pessoa interpreta a situação de acordo com a sua percepção da probabilidade com que pode lidar bem com o desafio enfrentado. Se a pessoa percebe que pode lidar ou não lidar com o desafio, não há estresse. O estresse máximo acontece quando a dificuldade percebida no desafio está mais ou menos no mesmo nível que a pessoa sabe que tem para atender ao que é solicitado. O resultado é incerto quando o nível de dificuldade e o nível de capacidade se aproximam entre si.

Assim, para que o estresse passe de seu estado potencial para o real são necessárias duas condições:[12]

1. **Incerteza quanto ao resultado**: o estresse somente ocorre quando há incerteza ou dúvida quanto ao resultado. Estresse é o produto da incerteza se a pessoa vai ganhar ou perder.

2. **Importância do resultado**: o estresse somente ocorre quando o perder ou o ganhar é realmente importante para a pessoa.

Quadro 4.4 Principais fontes de estresse[13]

Fatores específicos do trabalho:
- Carga de trabalho (sobrecarga ou folga).
- Ritmo, variedade, significado do trabalho.
- Autonomia (capacidade de tomar decisões sobre o trabalho ou tarefas específicas).
- Mudanças no trabalho/horas de trabalho.
- Ambiente físico (ruído, iluminação, qualidade do ar etc.).
- Isolamento no local de trabalho (solidão emocional ou trabalho solitário).

Papel na organização:
- Conflito de papel (demandas conflitivas de trabalho, vários gestores e supervisores).
- Ambiguidade de papel (falta de clareza sobre responsabilidades, expectativas).
- Nível de responsabilidade.

Desenvolvimento de carreira:
- Promoção sub ou superavaliada.
- Segurança no emprego (medo de recessão ou falta de trabalho)
- Oportunidades de desenvolvimento de carreira.
- Satisfação geral quanto ao trabalho.

Relacionamentos no trabalho:
- Com os superiores, colegas, subordinados, consumidores etc.
- Ameaça de violência, embaraço, assédios, ameaças à segurança física.

Estrutura e clima organizacional:
- Participação ou não participação na tomada de decisões.
- Estilo de gestão.
- Padrões de comunicação.

4.2.3 Prevenção do estresse

O estresse pode e deve ser combatido e eliminado em toda a organização. Porém, tal empreendimento requer o apoio constante da alta direção, de todo o nível gerencial, dos supervisores e das próprias pessoas envolvidas. Trata-se de uma abordagem participativa e conjunta de todos os protagonistas e que deve ser orientada por uma estratégia bem planejada para produzir resultados concretos, como mostra a Figura 4.3.

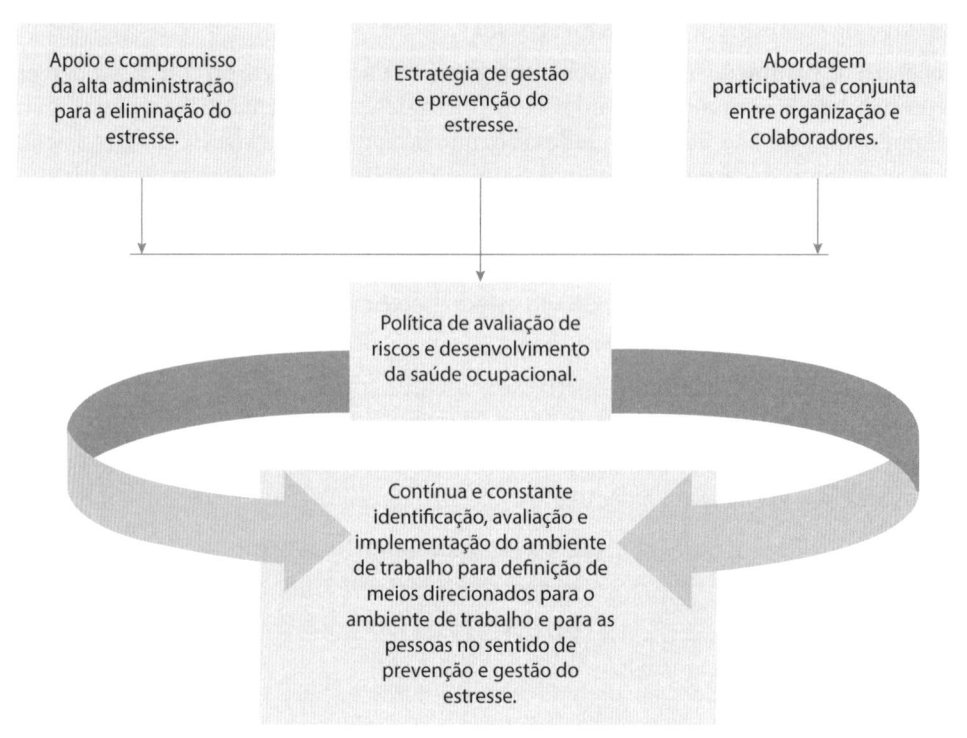

Figura 4.3 Abordagem para prevenção do estresse.[14]

Com essa abordagem, pode-se definir e desenvolver programas em nível organizacional (envolvendo toda a organização), em nível organizacional e individual (envolvendo equipes de trabalho) e em nível individual (participação de cada colaborador).

Quadro 4.5 Estratégias de intervenção por níveis de intervenção

Programas em nível organizacional	
Seleção e integração	Comunicação
Programas de treinamento e educação	Redesenho e reestruturação de cargos
Características físicas e ambientais	Outras intervenções no nível organizacional
Programas em nível organizacional e individual	
Grupos de apoio de colegas	Participação e autonomia
Adequação do ambiente à pessoa	Definição clara do papel a ser desempenhado
	Outras intervenções em nível organizacional ou individual

(continua)

(continuação)

Programas em nível individual	
Relaxamento	Exercícios
Meditação	Gestão do Tempo
Biofeedback	Programas de assistência ao empregado (PAE)
Terapia cognitiva / comportamental	Outras intervenções em nível individual

VOLTANDO AO CASO INTRODUTÓRIO

Super – Máquinas e Equipamentos

Em uma segunda análise do ambiente organizacional, a consultoria identificou que muitas faltas e atrasos (absenteísmo) eram decorrentes dos estresse ocupacional. Esse estresse pode ser gerado por diversos fatores, dentre eles a pressão pela produtividade; a rigidez da liderança e das normas organizacionais, além dos fatores pessoais. O estresse é outro fator que pode gerar acidentes devido à falta de atenção, ao uso excessivo do álcool etc. Se você fosse o responsável pela área de Recursos Humanos, que ações você tomaria para reduzir o estresse?

4.3 SEGURANÇA DO TRABALHO

Higiene e segurança do trabalho são atividades interligadas que repercutem diretamente sobre a continuidade da produção, a produtividade, a qualidade e moral dos colaboradores. A segurança do trabalho envolve um conjunto de medidas técnicas, educacionais, médicas e psicológicas, empregadas para prevenir acidentes, seja eliminando as condições inseguras do ambiente, seja instruindo e convencendo as pessoas da implantação e do uso de práticas preventivas. Sua utilização é indispensável para o desenvolvimento satisfatório do trabalho e da saúde e a incolumidade das pessoas. É cada vez maior o número de organizações que criam seus próprios serviços de segurança no sentido de estabelecer normas e procedimentos adequados, pondo em prática os recursos possíveis para conseguir a prevenção de acidentes e controlar os resultados obtidos.

A segurança do trabalho é uma responsabilidade de linha e uma função de *staff*. Em outros termos, cada gestor é o responsável direto pelos assuntos de segurança de sua área de atividade, muito embora exista na organização um órgão de segurança (*staff*) para assessorar todos os gestores em relação a esse assunto, conforme mostra a Figura 4.4.

Um plano de segurança do trabalho envolve necessariamente os seguintes requisitos:

- A segurança do trabalho é uma responsabilidade de linha e uma função de *staff*. Cada gestor é responsável pela segurança em sua área de trabalho, enquanto o órgão de segurança no trabalho dá o apoio e suporte necessário.
- As condições de trabalho, o ramo de atividade, o tamanho, a localização da organização e o tipo de atividade são os aspectos que condicionam e determinam os meios materiais preventivos para manter a segurança no trabalho.

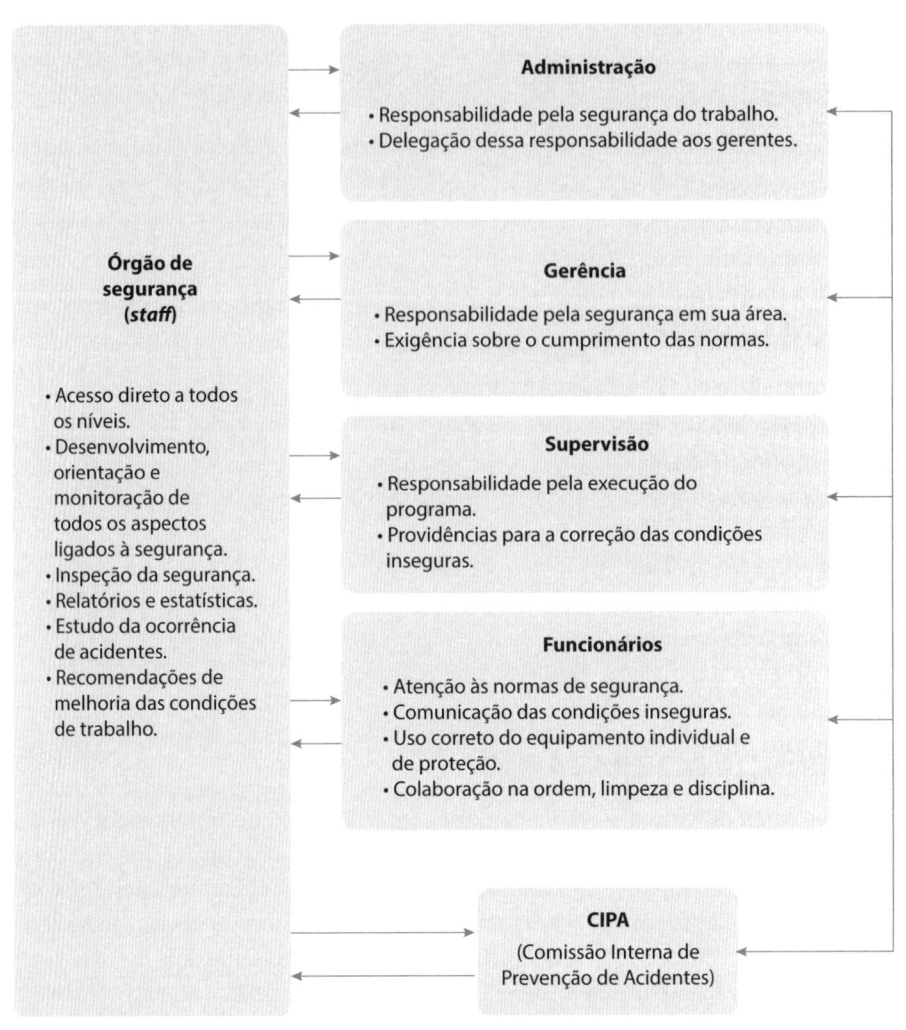

Figura 4.4 Segurança como responsabilidade de linha e função de *staff*.

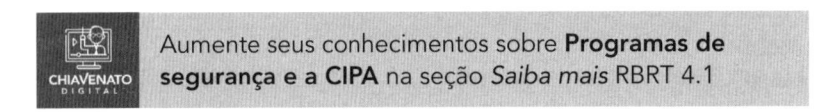

Aumente seus conhecimentos sobre **Programas de segurança e a CIPA** na seção *Saiba mais* RBRT 4.1

- A segurança do trabalho não deve ficar restrita somente à área de produção. Deve envolver também os escritórios, os depósitos, as filiais que também podem oferecer riscos cujas implicações afetam a organização inteira.

- A segurança do trabalho envolve necessariamente a adaptação da pessoa ao trabalho (seleção de pessoal), a adaptação do trabalho à pessoa (racionalização do trabalho), além de inúmeros fatores sociopsicológicos, razão pela qual certas organizações vinculam a segurança diretamente ao órgão de GH.

- Em organizações em que a segurança do trabalho é vital, ela precisa ter condições de mobilizar elementos para o treinamento e a doutrinação de técnicos e colaboradores, o controle do cumprimento de normas de segurança, a simulação periódica de acidentes, a inspeção periódica dos equipamentos de combate a incêndios, primeiros socorros, além da escolha, aquisição e distribuição de uma série de peças de roupagem do pessoal (equipamentos de segurança individual, como óculos de segurança, luvas, macacões, botas etc.) em determinadas áreas da organização.

- A segurança do trabalho requer a aplicação dos seguintes princípios:
  - Apoio ativo da alta administração, compreendendo a manutenção de um programa de segurança completo e intensivo; discussão com a supervisão em reuniões periódicas a respeito dos resultados alcançados pelos supervisores; e tomada de medidas preventivas para melhorar as condições de trabalho. Baseados nesse apoio intensivo, os gestores devem agir para que os colaboradores trabalhem com segurança e produzam sem o risco de acidentes.
  - Manutenção de pessoal especializado e dedicado exclusivamente à segurança.
  - Definição de instruções escritas de segurança para cada trabalho.
  - Instruções de segurança e treinamento a colaboradores novos. Essas devem ser dadas pelos gestores ou supervisores, que podem fazê-lo com perfeito conhecimento de causa no próprio local de trabalho. As instruções gerais ficam a cargo do órgão de segurança.
  - Execução do Programa de Segurança por intermédio dos supervisores. Todos têm responsabilidades definidas no programa. Porém, os supervisores assumem responsabilidades especiais, pois são as peças-chave da organização, particularmente na prevenção de acidentes.
  - Integração de todos os colaboradores no espírito de uma cultura de segurança. A prevenção de acidentes é trabalho de equipe, principalmente no que tange à disseminação do espírito prevencionista. Todos os meios de divulgação devem ser usados intensivamente para a perfeita assimilação pelos colaboradores.
  - Extensão do Programa de Segurança fora da companhia: visa à segurança da pessoa em qualquer lugar ou em qualquer atividade e à eliminação das consequências dos acidentes verificados fora do trabalho, que são semelhantes em extensão e profundidade aos ocorridos dentro da organização.
  - Não deve haver confusão entre a CIPA e o órgão de segurança. A primeira é imposição legal, a segunda é criação da empresa.

A segurança do trabalho atua em três áreas principais de atividade:

1. Prevenção de acidentes
2. Prevenção de roubos.
3. Prevenção de incêndios.

Essas áreas serão tratadas separadamente.

4.3.1 Prevenção de acidentes

As definições de acidente são muito variadas. Um grupo de consultores da Organização Mundial da Saúde (OMS) definiu *acidente* como "um fato não premeditado do qual resulta dano considerável". O National Safety Council o define como "uma ocorrência em uma série de fatos que, em geral e sem intenção, produz lesão corporal, morte ou dano material". Baptista lembra que "essas definições caracterizam-se por considerar o acidente sempre como um fato súbito, inesperado, imprevisto (embora algumas vezes previsível) e não premeditado ou desejado e, ainda, como causador de dano considerável, embora não especifique se trata de dano econômico (prejuízo material) ou de dano físico às pessoas (sofrimento, invalidez ou morte)".[15]

A segurança do trabalho busca minimizar os acidentes do trabalho. Podemos conceituar acidente do trabalho como decorrente do trabalho, provocando direta ou indiretamente lesão corporal, perturbação funcional ou doença que determine a morte, perda total ou parcial, permanente ou temporária, da capacidade para o trabalho. A palavra *acidente* significa ato imprevisto, perfeitamente evitável na maioria dos casos. As estatísticas de acidentes do trabalho, por lei, englobam também os acidentes de trajeto, ou seja, aqueles que ocorrem no trajeto do funcionário de sua casa para a organização e vice-versa.

4.3.1.1 Classificação dos acidentes de trabalho

■ **Acidente sem afastamento**: aquele em que após o acidente, o funcionário continua trabalhando sem prejuízo de suas funções laborais. Esse tipo de acidente não é considerado nos cálculos dos coeficientes de frequência e de gravidade, embora deva ser investigado e anotado em relatório, além de incluído nas estatísticas mensais.

■ **Acidente com afastamento**: aquele em que o funcionário deve deixar de trabalhar por algum tempo. O acidente com afastamento pode resultar em:

  • **Incapacidade temporária**: é a perda total da capacidade para o trabalho durante o dia do acidente ou que se prolongue por período menor que um ano. No retorno, o funcionário assume sua função sem redução da capacidade. Em caso de acidente sem afastamento em que ocorra agravamento de lesão que determine o afastamento, o acidente receberá nova designação, isto é, será considerado acidente com afastamento, e o período de afastamento será iniciado no dia em que se constatou o agravamento da lesão. Nesse caso, será mencionado no relatório do acidente e no relatório do mês.

  • **Incapacidade permanente parcial**: é a redução permanente e parcial da capacidade para o trabalho ocorrida no mesmo dia ou que se prolongue por período menor que um ano. A incapacidade permanente parcial é geralmente motivada por:
    – Perda de qualquer membro ou parte dele.
    – Redução da função de qualquer membro ou parte dele.
    – Perda da visão ou redução funcional de um olho.
    – Perda da audição ou redução funcional de um ouvido.
    – Quaisquer outras lesões orgânicas, perturbações funcionais ou psíquicas que resultem na opinião do médico em redução de menos de três quartos da capacidade de trabalho.

  • **Incapacidade total permanente**: significa a perda total e em caráter permanente da capacidade de trabalho. A incapacidade total permanente é geralmente motivada por:
    – Perda da visão de ambos os olhos.

- Perda da visão de um olho com redução de mais da metade da visão do outro olho.
- Perda anatômica ou impotência funcional de mais de um membro de suas partes essenciais (mão ou pé).
- Perda da visão de um olho simultânea à perda anatômica ou impotência funcional de uma das mãos ou de um dos pés.
- Perda da audição de ambos os ouvidos ou, ainda, redução de mais da metade da função auditiva.
- Quaisquer outras lesões orgânicas, perturbações funcionais ou psíquicas permanentes que ocasionem, sob opinião médica, a perda de três quartos ou mais da capacidade da pessoa para o trabalho.
- Morte do acidentado, que é a mais cara e profunda perda humana que pode ocorrer.

Todo acidente traz sérias consequências negativas, tanto para a pessoa quanto para a organização. Daí a necessidade de estudar cada caso a fim de definir os meios para prevenir futuros acidentes. As estatísticas de acidentes – que veremos a seguir – funcionam como guias orientadores para localizar e identificar acidentes, como também para medir sua quantidade e intensidade nas organizações.

4.3.1.2 Estatísticas de acidentes

A VI Conferência Internacional de Estatística do Trabalho estabeleceu o coeficiente de frequência (CF) e o coeficiente de gravidade (CG) como medidas para controle e avaliação dos acidentes. Ambos os coeficientes são utilizados em quase todos os países para permitir comparações internacionais ao lado de comparações entre ramos diferentes de indústrias. Vejamos cada um desses coeficientes.

- **CF**: número de acidentes com afastamento ocorrido em cada milhão de homens/horas trabalhadas durante o período considerado. É um índice que permite comparações com todos os tipos e tamanhos de indústrias.

A fórmula para o cálculo do CF é a seguinte:

$$CF = \frac{n^{\underline{o}} \text{ de acidentes com afastamento} \times 1.000.000}{n^{\underline{o}} \text{ de homens/horas trabalhadas}}$$

Para o cálculo do CF são necessárias as seguintes informações:

- **Número médio de funcionários da organização:** em determinado intervalo de tempo (dia, mês ou ano). É a relação entre o total de horas trabalhadas por todos os colaboradores nesse intervalo de tempo e a duração normal do trabalho no mesmo intervalo (com base em oito horas por dia, ou 25 dias ou 200 horas por mês ou 300 dias ou 2.400 horas por ano).
- **Homens/horas trabalhadas**: é o número que exprime a soma de todas as horas efetivamente trabalhadas por todos os colaboradores da organização, inclusive do escritório, da administração, das vendas e de outras funções. São horas em que os

colaboradores estão sujeitos a acidentes no trabalho. No número de horas/homens trabalhadas devem ser incluídas as horas extras e excluídas as horas remuneradas não trabalhadas, tais como as decorrentes de faltas abonadas, licenças, férias, enfermidades e descanso remunerado. Serão consideradas oito horas por dia de trabalho. O número de horas/homens trabalhadas refere-se à totalidade dos colaboradores da organização ou do departamento, caso se pretenda medir o CF de cada unidade da organização.

■ **CG**: número de dias perdidos e computados em cada milhão de homens/horas trabalhadas durante o período de tempo considerado. É um índice que permite comparações com outros tipos e tamanhos de indústrias.

A fórmula para o cálculo do CG é a seguinte:

$$CG = \frac{\text{dias perdidos} + \text{dias computados} \times 1.000.000}{\text{n}^{\circ} \text{ de homens/horas trabalhadas}}$$

Para o cálculo do CG são necessárias as seguintes informações:

• **Dias perdidos**: é o total de dias em que o acidentado fica incapacitado para o trabalho em consequência de acidente com incapacidade temporária. Os dias perdidos são dias corridos, contados do dia seguinte ao do acidente até o dia da alta médica, inclusive. Na contagem dos dias perdidos, incluem-se os domingos, os feriados ou qualquer dia em que não haja trabalho na empresa. Em caso de acidente inicialmente considerado sem afastamento, mas que por justa razão passa a ser incluído entre os acidentes com afastamento, a contagem dos dias perdidos será iniciada no dia da comunicação do agravamento da lesão.

• **Dias perdidos transportados**: são os dias perdidos durante o mês por acidentado do mês anterior (ou de meses anteriores).

• **Dias debitados ou dias computados por redução da capacidade ou por morte**: é o número de dias que convencionalmente se atribui aos casos de acidentes que resultem em morte, incapacidade permanente, total ou parcial, representando a perda total ou a redução da capacidade para o trabalho.

Quadro 4.6 Modelo de estatística de acidentes por departamento

Quadro de estatística de acidentes							
Empresa _____				Mês/ano _____			
Departamento ou seção	Número de empregados	Homens/horas trabalhadas	Acidentes com perda de tempo	Dias perdidos	Dias debitados	Coeficientes	
						Frequência	Gravidade

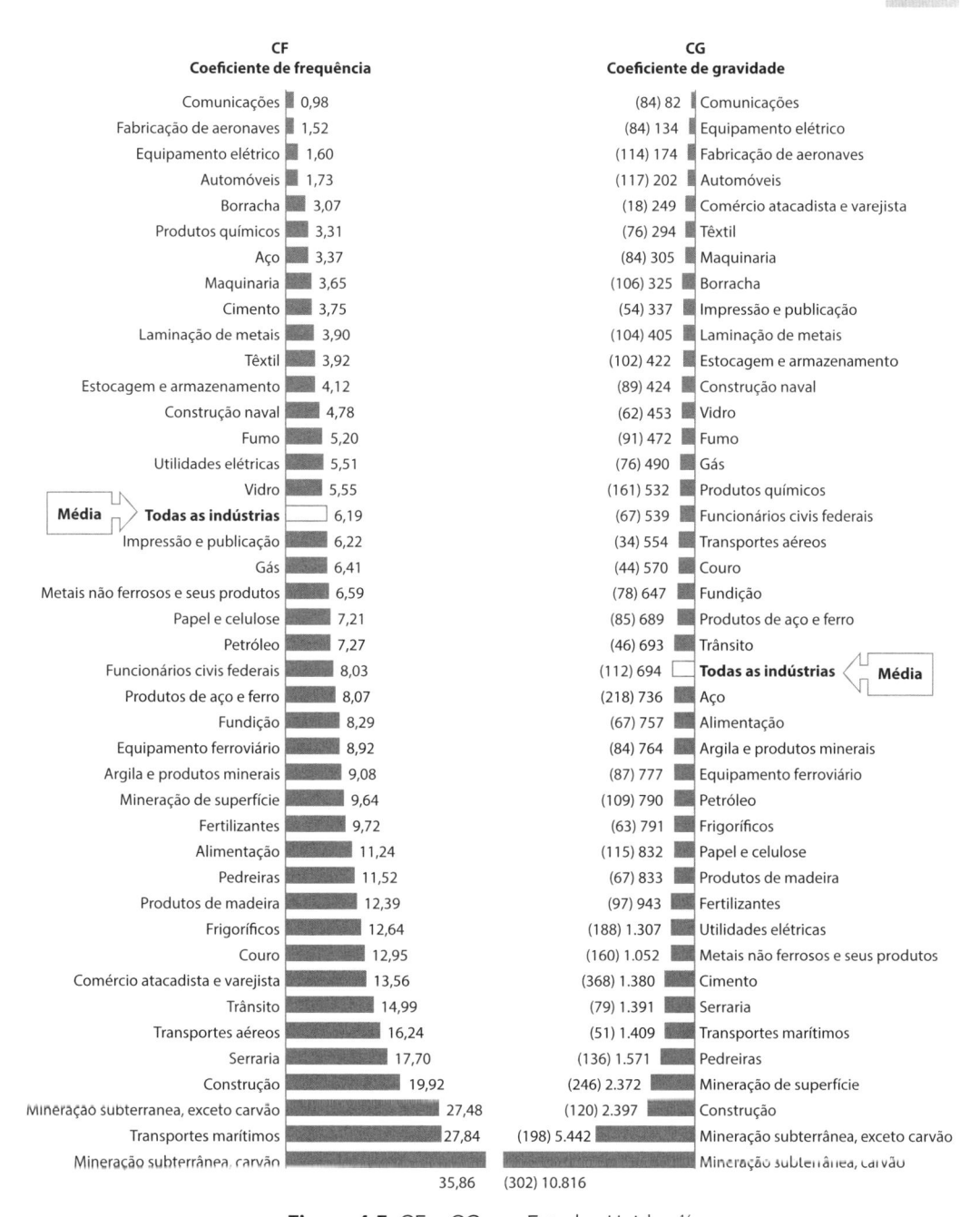

CF
Coeficiente de frequência

Indústria	CF
Comunicações	0,98
Fabricação de aeronaves	1,52
Equipamento elétrico	1,60
Automóveis	1,73
Borracha	3,07
Produtos químicos	3,31
Aço	3,37
Maquinaria	3,65
Cimento	3,75
Laminação de metais	3,90
Têxtil	3,92
Estocagem e armazenamento	4,12
Construção naval	4,78
Fumo	5,20
Utilidades elétricas	5,51
Vidro	5,55
Média → **Todas as indústrias**	6,19
Impressão e publicação	6,22
Gás	6,41
Metais não ferrosos e seus produtos	6,59
Papel e celulose	7,21
Petróleo	7,27
Funcionários civis federais	8,03
Produtos de aço e ferro	8,07
Fundição	8,29
Equipamento ferroviário	8,92
Argila e produtos minerais	9,08
Mineração de superfície	9,64
Fertilizantes	9,72
Alimentação	11,24
Pedreiras	11,52
Produtos de madeira	12,39
Frigoríficos	12,64
Couro	12,95
Comércio atacadista e varejista	13,56
Trânsito	14,99
Transportes aéreos	16,24
Serraria	17,70
Construção	19,92
Mineração subterranea, exceto carvão	27,48
Transportes marítimos	27,84
Mineração subterrânea, carvão	35,86

CG
Coeficiente de gravidade

Indústria	CG
(84) 82	Comunicações
(84) 134	Equipamento elétrico
(114) 174	Fabricação de aeronaves
(117) 202	Automóveis
(18) 249	Comércio atacadista e varejista
(76) 294	Têxtil
(84) 305	Maquinaria
(106) 325	Borracha
(54) 337	Impressão e publicação
(104) 405	Laminação de metais
(102) 422	Estocagem e armazenamento
(89) 424	Construção naval
(62) 453	Vidro
(91) 472	Fumo
(76) 490	Gás
(161) 532	Produtos químicos
(67) 539	Funcionários civis federais
(34) 554	Transportes aéreos
(44) 570	Couro
(78) 647	Fundição
(85) 689	Produtos de aço e ferro
(46) 693	Trânsito
(112) 694	**Todas as indústrias** ← **Média**
(218) 736	Aço
(67) 757	Alimentação
(84) 764	Argila e produtos minerais
(87) 777	Equipamento ferroviário
(109) 790	Petróleo
(63) 791	Frigoríficos
(115) 832	Papel e celulose
(67) 833	Produtos de madeira
(97) 943	Fertilizantes
(188) 1.307	Utilidades elétricas
(160) 1.052	Metais não ferrosos e seus produtos
(368) 1.380	Cimento
(79) 1.391	Serraria
(51) 1.409	Transportes marítimos
(136) 1.571	Pedreiras
(246) 2.372	Mineração de superfície
(120) 2.397	Construção
(198) 5.442	Mineração subterrânea, exceto carvão
(302) 10.816	Mineração subterrânea, carvão

Figura 4.5 CF e CG nos Estados Unidos.[16]

4.3.1.3 Identificação das causas dos acidentes

A maior parte dos acidentes é provocada por causas que podem ser identificadas e removidas para que não continuem provocando novos acidentes. De acordo com a American Standards Association, as principais causas dos acidentes são as seguintes:

- **Agente**: é definido como o objeto ou substância (máquina, local ou equipamento) que precisa ser adequadamente protegido e que está diretamente relacionado com a lesão, como prensa, mesa, martelo, escada etc.

- **Parte do agente**: é aquela parte que está estreitamente associada ou relacionada com a lesão, como o volante da prensa, o pé da mesa, o cabo do martelo, o piso da escada etc.

- **Condição insegura**: é a condição física ou mecânica existente no local, na máquina, no equipamento ou na instalação que poderia ter sido protegida ou corrigida e que leva à ocorrência do acidente, como piso escorregadio, oleoso, molhado, com saliência, buraco, máquina desprovida de proteção ou com polias e partes móveis desprotegidas, instalação elétrica com fios descascados, motores sem fio-terra, iluminação deficiente ou inadequada etc.

- **Tipo de acidente**: é a forma ou o modo de contato entre o agente do acidente e o acidentado ou, ainda, o resultado desse contato, como tombos, batidas, escorregões, trombadas, choques etc.

- **Ato inseguro**: é a violação de procedimento aceito como seguro, ou seja, deixar de usar EPI, distrair-se ou conversar durante o serviço, fumar em área proibida, lubrificar ou limpar máquina em movimento etc.

- **Fator pessoal de insegurança**: é qualquer característica, deficiência ou alteração mental, psíquica ou física – acidental ou permanente – que permite o ato inseguro. São problemas como visão defeituosa, fadiga ou intoxicação, problemas do lar, desatenção, ansiedade, desconhecimento das normas e regras de segurança etc.

Segundo estudos da Subdivisão de Higiene e Segurança Industrial, as principais condições inseguras de acidentes são:

- Paredes, tetos e pisos que não oferecem segurança.
- Ausência de limpeza.
- Escadas sem corrimão.
- Tapetes estragados ou soltos no piso ou nas escadas.
- Cartazes, avisos, espelhos em escadas que podem distrair passantes.
- Falta de guarda-corpo em plataformas, poços etc.
- Trânsito mal orientado.
- Iluminação deficiente.
- Temperatura mal controlada.
- Ruído excessivo.
- Poluição do ar ambiente.
- Máquinas mal protegidas.
- Acúmulo de máquinas e pessoas.
- Não utilização de sinalização conveniente.
- Falta de material de proteção pessoal.
- Ferramentas defeituosas.
- Empilhamentos inseguros.

- Falta de máquinas para elevar e transportar materiais.
- Instalações elétricas em mau estado.
- Chaves elétricas sem blindagem.
- Não ligação à terra de equipamentos que funcionam com alta tensão.
- Inexistência de materiais preventivos como extintores, *sprinkler*, mangueiras etc.
- Obstrução de escadas, corredores e portas.
- Falta de bancos ou cadeiras para os funcionários cujo trabalho pode ser feito sentado.
- Falta de pessoal treinado na prevenção de incêndios.
- Ausência de uniformes adequados.
- Refeitórios, privadas, chuveiros e outros locais com acessórios em mau estado de conservação ou com pisos escorregadios.
- Falta de pessoal treinado para primeiros socorros.
- Destino inadequado dos resíduos.
- Ausência de normas de segurança.

Quadro 4.7 Convenção sobre padrões de cores para sinalização de segurança e comunicação visual rápida[17]

1. **Vermelha**: indica equipamentos e aparelhos de proteção contra incêndio e combate ao fogo (como hidrantes, caixas de alarme, sirenes, extintores, mangueiras, baldes de areia ou de água para extinção de incêndio, tubulações e outros equipamentos). Não serve para indicar perigo, pois é de baixa visibilidade.
2. **Alaranjada**: identifica partes móveis e perigosas de máquinas e equipamentos, partes internas das guardas de máquinas que possam ser removidas, faces internas de caixas protetoras de dispositivos elétricos e faces externas de polias e engrenagens.
3. **Amarela**: indica "cuidado". Assinala corrimões, parapeitos, escadas que apresentem perigo; áreas perigosas, bordos desguarnecidos de poços, faixas na entrada de elevadores e plataformas de carregamento, paredes de fundo de corredores sem saída, vigas muito baixas, equipamentos de transporte e manipulação de material.
4. **Verde**: indica equipamentos de segurança, como caixas de socorro médico, chuveiros de segurança, fontes lavadoras de olhos, quadro para exposição de cartazes e avisos de segurança, porta de entrada da sala de curativos de urgência.
5. **Azul**: sinaliza "cuidado", sendo utilizada apenas em avisos contra uso e movimentação de equipamentos que devam permanecer fora de serviço, como caixas de controle elétrico, fornos, caldeiras, estufas, válvulas, tanques, andaimes e escadas.
6. **Púrpura**: indica perigos provenientes das radiações eletromagnéticas penetrantes e de partículas nucleares.
7. **Branca**: assinala passadiços, direção e circulação, coletores de resíduos, bebedouros, áreas em torno dos equipamentos de urgência, de combate a incêndios e áreas de armazenagem.
8. **Preta**: identifica coletores de resíduos.

4.3.1.4 Custos diretos e indiretos dos acidentes

O acidente do trabalho constitui fator negativo para a empresa, para o empregado e para a sociedade. Suas causas e custos devem ser analisados. O Seguro de Acidentes do Trabalho evidentemente cobre apenas os gastos com despesas médicas e indenizações ao acidentado. As demais modalidades de seguro contra riscos fortuitos, como o fogo, propiciam à seguradora a fixação de taxas de acordo com o risco individual existente em cada empresa.

A Associação Brasileira de Normas Técnicas (ABNT), em sua Norma Regulamentadora 18, estabelece que o custo direto do acidente é o total das despesas decorrentes das obrigações para com os empregados expostos aos riscos inerentes ao exercício do trabalho, como as despesas com assistência médica e hospitalar aos acidentados e respectivas indenizações, sejam estas diárias ou por incapacidade permanente. Em geral, essas despesas são cobertas pelas companhias de seguro.

O custo indireto do acidente do trabalho, segundo a ABNT, envolve todas as despesas de fabricação, despesas gerais, lucros cessantes e demais fatores cuja incidência varia conforme a indústria. Já o INSS inclui no custo indireto do acidente do trabalho os seguintes itens: gastos do primeiro tratamento, despesas sociais, custo do tempo perdido pela vítima, perda por diminuição do rendimento no retorno do acidentado ao trabalho, perda pelo menor rendimento do trabalhador que substitui temporariamente o acidentado, cálculo do tempo perdido pelos colegas de trabalho etc.

Aceita-se em diversos países a proporção de 4 para 1 entre os valores do custo indireto e do direto. O custo indireto representa, portanto, quatro vezes o custo direto do acidente no trabalho, sem se falar na tragédia pessoal e familiar que o acidente de trabalho pode provocar.

Os números registrados de acidentes do trabalho no país são realmente assustadores e vêm avolumando-se a cada ano que passa. Na maioria das vezes, o que ocorre é a transgressão das normas de segurança do trabalho, que se fossem obedecidas, poderiam reduzir essa lamentável incidência.

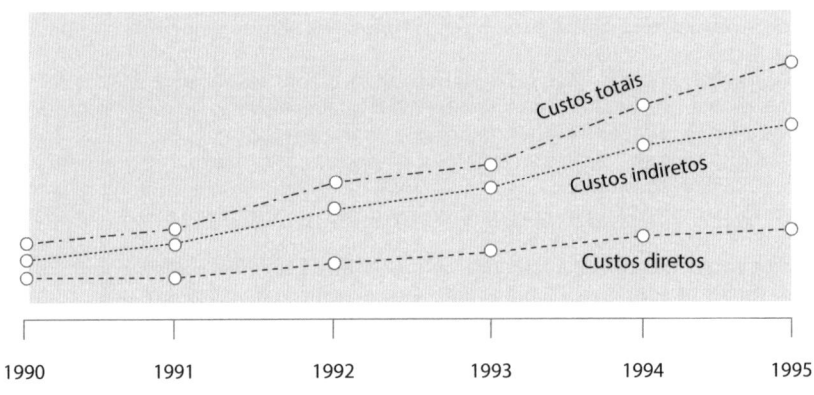

Figura 4.6 Gráfico sobre o custo total direto e indireto causado pelos acidentes de trabalho.

Deve-se lembrar que tanto a moléstia profissional quanto o acidente do trabalho conferem responsabilidade civil e criminal ao empregador nos casos de dolo ou culpa.

4.3.2 Prevenção de roubos (vigilância)

De modo geral, cada indústria tem seu serviço de vigilância com características próprias, não se podendo aplicar em uma o que é feito em outra. Além disso, as medidas preventivas devem ser revistas com frequência, para evitar a rotina que torna os planos obsoletos.

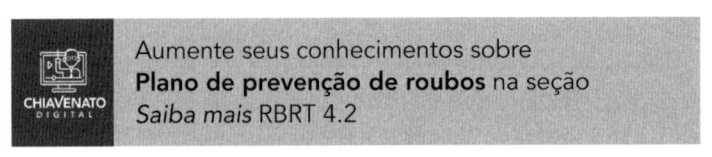

Aumente seus conhecimentos sobre
Plano de prevenção de roubos na seção
Saiba mais RBRT 4.2

4.3.3 Prevenção de incêndios

A prevenção e o combate a incêndios, principalmente quando há mercadorias, equipamentos e instalações valiosas a proteger, exigem um planejamento cuidadoso. Um conjunto adequado de extintores, um dimensionamento do reservatório de água, um sistema de detecção e alarme, assim como o treinamento do pessoal, são pontos-chave.

O fogo que provoca um incêndio é uma reação química do tipo oxidação exotérmica, ou seja, a queima de oxigênio com liberação de calor. Para haver a reação, conforme mostra a Figura 4.7, devem estar presentes:

- Combustível (sólido, líquido ou gasoso).
- Comburente (geralmente o oxigênio da atmosfera).
- Catalisador (a temperatura elevada).

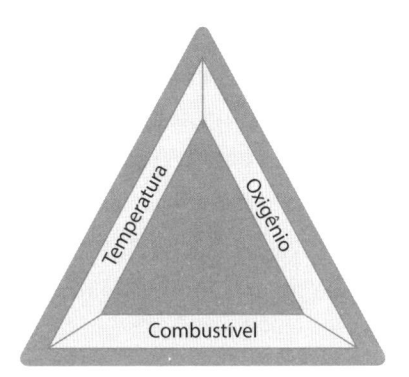

Figura 4.7 O triângulo de fogo.

4.3.3.1 Classificação de incêndios

Para maior facilidade na estratégia de sua extinção, os incêndios podem ser classificados em quatro categorias principais, como mostra o Quadro 4.8.

Quadro 4.8 Classificação dos incêndios

Categoria de incêndio	Tipos de combustíveis	Principais agentes extintores	Cuidados principais
Classe A	Papel, madeira, tecidos, trapos embebidos em óleo, lixos etc.	■ Espuma. ■ Soda-ácido. ■ Água.	Eliminação do calor, saturando-se com água.
Classe B	Líquidos inflamáveis, óleos e produtos de petróleo (tintas, gasolina etc.).	■ Gás carbônico (CO_2). ■ Pó químico seco. ■ Espuma.	Neutralização do comburente com substância não inflamável.
Classe C	Equipamentos elétricos ligados.	■ Gás carbônico (CO_2) ■ Pó químico seco.	Idem.
Classe D	Gases inflamáveis sob pressão.	■ Pó químico seco. ■ Gás carbônico (CO_2).	Idem.

Cada categoria de incêndio requer um método de extinção apropriado:

- **Classe A**: são incêndios que têm como combustível determinados materiais que deixam resíduos após a queima, como madeira, papéis, panos, fibras, borracha e outros.

- **Classe B**: são incêndios produzidos pela queima de combustíveis líquidos ou gasosos ou materiais que não deixam resíduos depois de queimados, como gasolina, óleo, solventes, graxas etc.

- **Classe C**: são incêndios em equipamentos ou instalações elétricas com corrente elétrica ligada.

- **Classe D**: são incêndios com gases inflamáveis sob pressão, como botijões de gás ou de produtos químicos gasosos.

4.3.3.2 Métodos de extinção de incêndios

O fogo é o resultado da reação de três elementos em conjunto (combustível, oxigênio do ar e temperatura elevada). Sua extinção exige pelo menos a eliminação de um dos elementos que compõem o chamado "triângulo do fogo". Assim, a extinção de um incêndio pode ser feita por meio de três princípios:

1. **Remoção ou isolamento**: significa a neutralização ou isolamento do combustível. Consiste em remover o material que está em combustão ou outros que possam alimentar ou propagar o fogo (Figura 4.8).
   - Fechar o registro da tubulação de combustível que está alimentando o incêndio.
   - Remover os materiais das proximidades do fogo para delimitar o seu campo de ação.
   - Remover a parte do material incendiado, o que se pode conseguir com mais facilidade no início do incêndio.

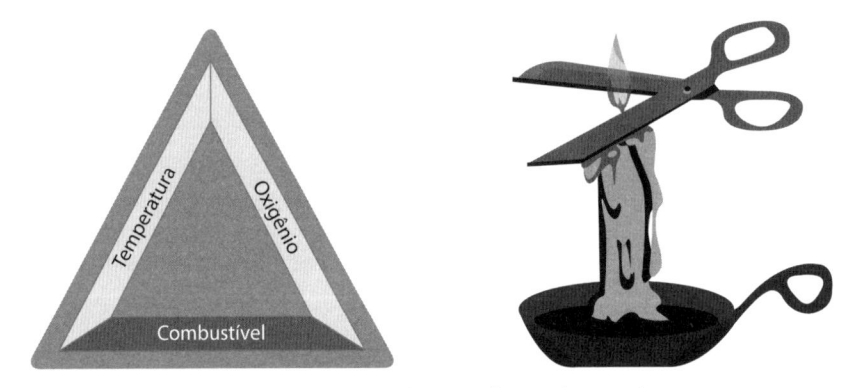

Figura 4.8 Neutralização do combustível.

2. **Abafamento**: significa a neutralização do comburente (Figura 4.9). Consiste em eliminar ou reduzir o oxigênio do ar na zona da chama para interromper a combustão do material envolvido. É o princípio usado quando se tenta abafar o fogo com algum cobertor ou areia.

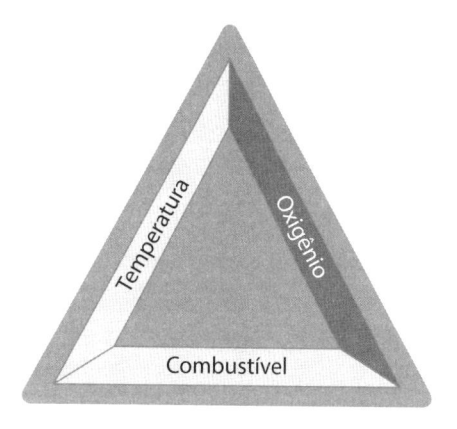 

Figura 4.9 Neutralização do comburente.

3. Resfriamento: significa a neutralização da temperatura (Figura 4.10). Consiste em reduzir a temperatura do material incendiado até cessar a combustão. A água é o elemento mais usado para esse fim, por seu poder de resfriamento e por ser mais econômica do que qualquer outro agente extintor.

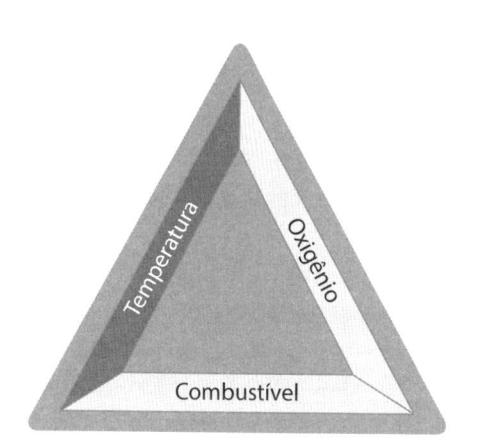 

Figura 4.10 Neutralização da temperatura.

4.3.3.3 Tipos de extintores

Existem vários agentes e aparelhos extintores de incêndio. Os agentes extintores são materiais normalmente empregados para a extinção de incêndios. Para extinguir o fogo é necessário, além de identificar a sua classe, conhecer o tipo de extintor mais adequado que deve ser utilizado.

A identificação do tipo de extintor adequado para cada classe de incêndio pode ser vista no Quadro 4.9.

Quadro 4.9 Identificação do tipo de extintor adequado para cada classe de incêndio

Classes de incêndio e seus agentes extintores			
Classes de fogo	Classe A	Classe B	Classe C
Agentes extintores	Papel, madeira, tecidos, fibra etc.	Líquidos inflamáveis, tintas, óleos, graxas etc.	Equipamentos elétricos com corrente ligada.
CO_2 (gás carbônico)	**Sim.** Tem ação somente sobre as chamas.	**Sim.** Apaga por resfriamento e abafamento.	**Sim.** Apaga por resfriamento e abafamento.
Espuma	**Sim.** Para fogos de superfície e pequena extensão.	**Sim.** A espuma flutua sobre os líquidos inflamáveis, abafando a chama.	**Não.** A espuma é condutora de eletricidade.
Carga líquida	**Sim.** Apaga por resfriamento e satura o material combustível.	Não. A carga pode espalhar o líquido inflamável, além de não apagar o fogo.	**Não.** A carga líquida é condutora de eletricidade.
Pó	**Sim.** Só tem ação sobre as chamas.	**Sim.** Apaga por abafamento.	**Sim.** Apaga por abafamento.
Água	**Sim.** Apaga por resfriamento e satura o material combustível.	**Sim.** A água em forma de neblina resfria e abafa o fogo.	**Não.** A água é condutora de eletricidade.

Os principais tipos de extintores são:

■ **Espuma**: é um equipamento que emulsiona espuma e composto geralmente de uma estação central emulsionadora, sistema de distribuição de espuma ou diques de proteção. Ou extintores de espuma para escritórios ou residências.

■ **Gás carbônico**: é composto de instalações fixas de gás carbônico para proteger locais de grande periculosidade, como cabinas de pintura, salas de equipamento eletrônico, porões de navios, máquinas de precisão gráfica, depósitos de óleo etc. O gás é acondicionado em uma bateria de cilindros de aço e é conduzido aos difusores por tubulações de cobre.

■ **Sistemas fixos de combate a incêndios**: existem sistemas fixos de combate a incêndios, os quais, segundo o processo de acionamento do esquema, podem ser manuais ou automáticos. A escolha do processo mais adequado deve ser feita por especialista. Entre os principais tipos de sistemas fixos, podemos apontar:

• **Hidrantes e mangueiras**: constitui o sistema fixo de prevenção a incêndio mais frequentemente utilizado nas empresas. Hidrantes são conexões instaladas estrategicamente nas partes internas e externas dos prédios e destinadas ao acoplamento de mangueiras para combate a incêndios. Os hidrantes estão ligados à canalização principal de água, exclusivamente destinada ao combate a incêndios. Os hidrantes devem ter calibre largo e a pressão da água deve estar de acordo com o volume de libras por centímetro cúbico exigido por lei. Junto aos hidrantes, estão instaladas mangueiras com chave para acoplamento e esguichos. Quando instalados na parte externa dos prédios, as mangueiras e os acoplamentos devem ficar guardados em abrigos metálicos, contra a ação das intempéries e facilmente visíveis e acessíveis. Quando instalados na parte interna dos prédios, devem ser mantidos em suportes especiais e protegidos somente por uma cobertura livre.

As mangueiras são condutores flexíveis utilizados para transportar água sob pressão de seu ponto de tomada até o local onde deve ser utilizada para a extinção do fogo. O equipamento hidráulico exigido pelas mangueiras compreende vários acessórios, como uniões (tipo engate rápido), esguichos e requintes:

- **Uniões**: são engates rápidos que servem para ligar a mangueira ao hidrante em uma ponta e para ligar a mangueira ao esguicho em outra ponta, isto é, para a adaptação das duas pontas das extremidades da mangueira.

- **Esguichos**: são peças metálicas montadas na ponta das mangueiras para dirigir, dar forma e controlar o jato de água. Existem vários tipos, sendo os mais comuns o de jato e o de neblina.

- **Requintes (ou pontas móveis)**: são peças móveis colocadas na saída do esguicho, possuindo diferentes diâmetros, de acordo com as condições de pressão, de volume de água e da necessidade do serviço. Muitas vezes, são necessárias várias mangueiras ligadas entre si para a aproximação ao fogo.

- **Aspersórios (*sprinklers*)**: são equipamentos constituídos de chuveiros ou borrifadores automáticos de água colocados nos tetos dos edifícios ou salas. São indicados para incêndios da categoria A em sua fase inicial, e são contraindicados para incêndios de categoria B ou C. Buscam impedir o alastramento do fogo. As companhias de seguro os reconhecem como equipamentos de alta qualidade, concedendo desconto de até 60% nos prêmios de seguro para os riscos de acidentes protegidos por esse equipamento. Caracterizam-se pela baixa manutenção e pela elevada durabilidade, mas exigem adequado dimensionamento dos reservatórios de água para seu abastecimento, quando necessário. Contudo, seu custo de instalação é elevado.

• **Emulsificadores (*mulsifire*)**: são equipamentos que borrifam água sob alta pressão usando o princípio da emulsificação dos óleos, que assim não queimam. Costumam ser indicados para incêndios da categoria B, principalmente em usinas termoelétricas ou em caldeiras a óleo, chaves protetoras a óleo, transformadores, geradores de vapor etc.

• ***Protectorspray***: indicado para proteção contra incêndios em gases inflamáveis do tipo D. Protege as instalações de gases pela aplicação de água pulverizada sobre o ponto de perigo, impedindo a propagação da combustão a uma área controlada. Além de resfriar o tanque e as instalações, controla a combustão e dilui o vapor de água, tornando a mistura não explosiva.

4.3.3.4 Áreas críticas na prevenção de incêndio

Em geral, a prevenção de incêndio focaliza prioritariamente quatro áreas críticas mais predispostas a incêndios:

1. **Matérias-primas**: envolvendo o local onde as matérias-primas são depositadas, como almoxarifados ou áreas próximas ao processo produtivo. Representam material sujeito a incêndio e sua rápida proliferação. Os maiores cuidados são:

- Há matérias-primas altamente inflamáveis no processo de produção?
- Existe um sistema adequado para controle de sua qualidade? E para as condições de estocagem?
- Há substâncias químicas tóxicas perigosamente expostas?
- Materiais inflamáveis estão sendo corretamente manuseados?
- Seus operadores têm instruções de emergência para eventuais derramamentos?
- Que precauções foram tomadas para controle de fogo nas áreas em que tais materiais estão armazenados? O emprego de água no local não poderá originar gases tóxicos?

2. **Processamento**: envolvendo o local onde a produção é realizada em fábricas ou operações químicas. Os maiores cuidados são:

- A reação química é exotérmica?
- Há instalações para remoção do calor resultante?
- Qual o efeito de contaminantes externos sobre a reação química?
- Os intermediários do processo são estáveis?
- São conhecidos os limites de segurança no manuseio de materiais estáveis?
- Existem instruções sobre a ação de emergência no pavilhão de operações para eventuais faltas de energia, vapor etc.?
- Há formação de subprodutos ou gases durante contato acidental com água, solventes, ácidos etc.?
- Há condições para controlar tais reações paralelas?
- O que foi feito para assegurar que os colaboradores estão treinados e capacitados para enfrentar situações de emergência?
- Dispositivos de emergência (máscara de gases, extintores etc.) encontram-se em ponto acessível e em boas condições de funcionamento?
- Quais são as consequências de um engano na proporção de reagentes químicos?
- E no caso de falhas de instrumentos? Há necessidade de dispositivos de controle?

3. **Produtos acabados**: envolvendo o local onde os produtos acabados são depositados, como almoxarifados ou áreas internas ou externas de depósitos. Representam material sujeito a incêndio e sua rápida proliferação. Os maiores cuidados são:

- Os materiais de embalagem oferecem condições de segurança quanto à toxidez e ao fogo?
- O emprego de recipientes obedece às especificações de toxidez, estabilidade química, inflamabilidade etc.?
- Quais as consequências do rompimento de embalagem? Há recursos de emergência para enfrentá-las?
- Os distribuidores dos produtos recebem instruções sobre as condições reclamadas por seu manuseio e sua estocagem? O almoxarifado dispõe de instruções sobre precauções a tomar com relação a cada produto que ofereça maior risco?

4. Equipamentos e arranjos físicos: envolvendo o local onde os equipamentos de produção estão distribuídos na fábrica. Eles estão sujeitos a curtos-circuitos, explosões químicas e outros tipos de desarranjos que podem provocar incêndios. Os maiores cuidados são:

- São conhecidas as limitações do equipamento (pressão máxima, limite de velocidade)?
- Os dispositivos de proteção são adequados (válvulas de escape, discos de ruptura)?
- Válvulas e pontos vulneráveis são acessíveis?
- É mínimo o número de "pontos críticos"? Eles foram identificados? Recebem atenção especial dos operadores?
- Tanques e tubulações foram instalados de modo a não correr riscos de vazamento?
- Cuidou-se da instalação de chuveiros e aspersórios (*sprinklers*)?
- O sistema de ventilação é adequado?

VOLTANDO AO CASO INTRODUTÓRIO

Super – Máquinas e Equipamentos

Após Marília ter realizado uma série de ações para mitigar os problemas relacionados à higiene e à segurança de seus colaboradores, muitos resultados positivos surgiram. Todavia, ela percebeu que não adiantava somente fazer os ajustes no ambiente físico, nos processos e nos maquinários se os funcionários não tivessem a consciência de que eles têm grande parcela de responsabilidade para mudar a qualidade de vida, para tornar o ambiente mais saudável e seguro. Nesse contexto, quais as ações que Marília deve executar?

4.3.4 Gestão de Riscos

A Gestão de Riscos é a área que analisa os possíveis riscos envolvidos no negócio da organização e a melhor maneira de evitá-los ou eliminá-los, quando localizados. Ela envolve a identificação, a análise e o gerenciamento das condições potenciais de infortúnio. O risco é uma ocorrência imprevisível, mas provável. Além do sistema de proteção contra incêndio (por meio de aparelhos portáteis, hidrantes e sistemas automáticos), a Gestão de Riscos requer um esquema de apólices de seguro contra fogo e lucros cessantes, como meio complementar de assegurar a proteção do patrimônio e o prosseguimento das operações cotidianas da empresa.

RESUMO

O subsistema de manutenção de GH também exige condições de trabalho que garantam a saúde e o bem-estar. Para tanto, deve minimizar as condições de insalubridade e de periculosidade. A higiene do trabalho focaliza tanto as pessoas (serviços médicos e serviços adicionais) quanto as condições ambientais de trabalho, como a iluminação, o ruído e as condições atmosféricas (temperatura, umidade, ventilação etc.).

A segurança do trabalho focaliza a prevenção de acidentes, roubos e incêndios. Na prevenção de acidentes, o órgão de segurança é complementado pela CIPA. A avaliação dos acidentes é feita por meio do CF e do CG, que permitem a comparação com a situação de outras empresas. A prevenção de acidentes procura identificar as causas dos acidentes, a fim de removê-las e evitar que continuem provocando novos acidentes. O custo indireto de um acidente do trabalho geralmente representa quatro vezes seu custo direto. A prevenção de roubos inclui esquemas de vigilância e de controles internos na empresa. A prevenção de incêndios parte do conceito de "triângulo do fogo", que permite classificar os tipos de incêndio e os métodos mais eficazes de prevenção e de combate a cada um deles.

TÓPICOS PRINCIPAIS

Higiene	Prevenção
Segurança	Incêndio
Saúde ocupacional	Roubo
Estresse	Riscos
Custos diretos	Insalubridade
Custos indiretos	Periculosidade
Causas	

QUESTÕES PARA DISCUSSÃO

1. Defina "higiene do trabalho" e comente sua importância para as organizações e os colaboradores.
2. Defina "segurança do trabalho" e comente sua importância para as organizações e os colaboradores.
3. Explique os principais aspectos da Medicina Ocupacional.
4. Quais são os principais geradores de um ambiente insalubre?
5. Explique o que é estresse na organização, suas causas e ações preventivas.
6. Explique os conceitos de CF e de CG, presentes nas respectivas fórmulas.
7. Quais as ações para se prevenir acidentes?
8. Como os acidentes são classificados?
9. O que são os custos diretos e indiretos dos acidentes e como mitigá-los?
10. Defina Gestão de Riscos.
11. Como desenvolver um programa de Higiene e Segurança no Trabalho?

REFERÊNCIAS

1. AMERICAN MEDICAL ASSOCIATION. Scope, objectives and functions of occupational health programs. *Journal of the American Medical Association*, v. 174, p. 533-536, 1º Oct. 1960.

2. SAAD, E. G. Legislação de acidentes do trabalho. *Revista Brasileira de Saúde Ocupacional*, v. 1, n. 1, p. 42-53, jan./fev./mar. 1973.

3. BAPTISTA, H. *Higiene e segurança do trabalho*. Rio de Janeiro: Serviço Nacional de Aprendizagem Industrial, Departamento Nacional, Divisão de Ensino e Treinamento, [s.d.]. p. 15.

4. BAPTISTA, H. *Higiene e segurança do trabalho, op. cit.*, p. 15.

5. BROADBENT, D. S. Effects on noise on behavior. *In*: HARRIS, C. M. (org.). *Handbook of noise control*. New York: McGraw-Hill, 1977.

6. TIFFIN, J.; McCORMICK, E. J. *Psicologia industrial*. São Paulo: EPU/Edusp, 1975. p. 658.

7. Adaptado de PETERSON, A. P. G.; GROSS JR., E. E. *Handbook of noise measurement*. New Concord: General Radio, 1973. p. 4.

8. TIFFIN, J.; McCORMICK, E. J. *Psicologia industrial, op. cit.*

9. CHIAVENATO, I. *Comportamento organizacional*. São Paulo: Atlas, 2021. p. 278-279.

10. IRSST. *Organizational interventions and mental health in workplace*: a synthesis of international approaches. Disponível em: http://www.irsst.qc.ca/files/documents/PubIRSST/R-480.pdf. Acesso em: 27 ago. 2021. O *link* faz *download* automático do material.

11. WAGNER III, J. A.; HOLLENBECK, J. R. *Comportamento organizacional*: criando vantagem competitiva. São Paulo: Saraiva, 2000. p. 122-123.

12. KAHN, R. L.; BYOSIERE, P. Stress in organizations. *In*: DUNNETTE, M. D.; HOUGH, L. M. (eds.). *Handbook of industrial and organizational psychology*. Palo Alto: Consulting Psychologists, 1992. p. 573-580.

13. Adaptado de: MURPHY, L. R. *Occupational stress management*: current status and future direction's. Trends in Organizational Behavior, v. 2. p. 1-14, 1995. Disponível em: http://www.ccohs.ca/oshanswers/psychosocial/stress.html. Acesso em: 27 ago. 2021.

14. Adaptado de: GIGA, S. I.; COOPER, C. L.; FARAGHER, B. The development of a framework for a comprehensive approach to stress management interventions at work. *International Journal of Stress Management*, v. 10, p. 280-296, 2003. *Apud* IRSST. *Organizational interventions and mental health in workplace, op. cit.*

15. BAPTISTA, H. *Higiene e segurança do trabalho, op. cit.*, p. 9.

16. NATIONAL SAFETY COUNCIL. *Accident facts*, 1963. p. 23.

17. NR-76 da Associação Brasileira de Normas Técnicas (ABNT).

5 RELAÇÕES TRABALHISTAS

OBJETIVOS DE APRENDIZAGEM

- Compreender o funcionamento das relações trabalhistas.
- Descrever os tipos de políticas trabalhistas das organizações.
- Explicar a presença do Estado a partir da evolução da Legislação Trabalhista no Brasil.
- Compreender os mecanismos adotados pelos sindicatos dos trabalhadores e patronais.
- Entender a função da representação dos funcionários na organização.
- Explicar a administração de conflitos trabalhistas.
- Compreender a convenção coletiva como um processo de negociação.

O QUE VEREMOS ADIANTE

- Políticas de relações trabalhistas.
- Legislação do trabalho.
- Sindicalismo.
- Meios de ação sindical.
- Meios de ação patronal.
- Representação dos funcionários na organização.
- Conflitos trabalhistas.

 **CASO INTRODUTÓRIO**
MaxPower

João, gerente de Gestão Humana (GH) da empresa metalúrgica MaxPower, como de costume, chegou cedo na empresa. Notou, porém, uma movimentação estranha no turno que estava sendo finalizado, pois percebeu as máquinas paradas. Os funcionários do turno estavam se juntando no pátio da empresa com os demais que estavam chegando. Ele perguntou o que estava ocorrendo para um deles, que não quis se comprometer e ficou quieto. Pouco tempo depois, chegou o presidente do sindicato da categoria, alertando que estavam iniciando uma greve, reivindicando redução da jornada de trabalho e melhoria na qualidade de vida dos trabalhadores da fábrica, que não dispunham de um plano de saúde, nem vale-refeição. Tinham somente os benefícios sociais legais. Que recomendações você daria para João, a fim de evitar a greve?

INTRODUÇÃO

O subsistema de manutenção dos recursos humanos envolve o relacionamento direto entre a organização e seus participantes, bem como com as entidades representativas de seus funcionários, os sindicatos. Assim, esse relacionamento recebe o nome de **relações trabalhistas** por envolver questões geralmente ligadas ao trabalho do pessoal e que são negociadas e acordadas com os sindicatos. Essas relações se baseiam em políticas da organização em relação aos sindicatos, tomados como representantes dos anseios, das aspirações e das necessidades – pelo menos teoricamente – dos próprios funcionários. Trata-se de uma política de relacionamento da organização com representantes de seus próprios membros ou, em outros termos, uma especialidade que ganhou cunho político.

No passado, a mediação de conflitos entre organizações e pessoas era cunhada como relações entre capital e trabalho em uma sociedade em transição. Hoje, é pacífico o entendimento de que o relacionamento entre organizações e pessoas que nelas trabalham pode se dar diretamente e sem agentes intermediários, desde que ambos os lados saibam criar as condições para um entendimento recíproco e favorável que permita o alinhamento de objetivos e de interesses das partes envolvidas. Isso envolve necessariamente a criação de um contexto que permita o atendimento e alicientes de um lado, e o engajamento e compromisso de outro. Aí está o encanto da Administração de Gestão Humana (AGH) como o fator decisivo para o desenvolvimento de uma cultura e arquitetura organizacionais capazes de incrementar um ambiente de trabalho satisfatório, que permita condições de solidariedade recíproca entre a organização e as pessoas.

5.1 POLÍTICAS DE RELAÇÕES TRABALHISTAS

Cada política de relacionamento com os sindicatos espelha diretamente a ideologia, a cultura e os valores assumidos pela alta administração da organização, os quais, por sua vez, são profundamente influenciados pelo estágio de desenvolvimento do sindicalismo, pelo regime político do governo e pela situação conjuntural da economia do país, entre outros fatores ambientais. Observe a Figura 5.1.

Figura 5.1 Relações no trabalho e fatores ambientais.

Podemos definir quatro diferentes políticas de relações trabalhistas que podem ser adotadas pelas organizações:[1]

1. **Política paternalista**: é caracterizada pela aceitação fácil e rápida das reivindicações dos funcionários, seja por insegurança, inabilidade ou incompetência nas negociações com os líderes sindicais. À medida que os sindicatos conseguem atender às necessidades ou reivindicações de suas bases, vão criando outras de interesse coletivo ou privativo de seus próprios líderes, que as apresentam como se viessem das bases que representam. O sindicato se fortalece por meio do reforço positivo: a cada necessidade satisfeita surge uma outra maior com a expectativa de ser atendida. Cada concessão passa a representar para a organização um custo adicional, e a visão global das necessidades e aspirações dos funcionários passa a ser substituída pelo casuísmo e pelo imediatismo para resolver cada reivindicação à medida que for surgindo. Essa postura de curto prazo e voltada para a solução de problemas imediatos enfraquece a organização, levando insegurança aos gerentes e supervisores de primeira linha frente às constantes e diferentes pressões sindicais.

2. **Política autocrática**: é caracterizada pela postura rígida e impositiva da organização, que age de modo arbitrário e legalista, somente fazendo concessões dentro da lei ou de acordo com seus próprios interesses. As reivindicações nem sempre são atendidas, o que provoca o surgimento de fatos de indisciplina e grupos de oposição dentro do sindicato em face dos insucessos nas tentativas de negociação. Esses insucessos geram reforço negativo com relação à imagem da organização, conduzindo a um nível de tensão nas relações entre a organização e seus membros. A falta de diálogo prejudica a gerência e a supervisão, que carecem de autoridade suficiente para satisfazer as aspirações e as necessidades de seus subordinados, tendo como resultante o descontentamento, a insubordinação e a indisciplina do pessoal. A supervisão passa a ser subserviente em relação aos seus superiores,

mas dura em relação a seus subordinados. Assim, a política autocrática é insustentável por um período longo de tempo devido ao seu caráter unilateral e impositivo, gerando frustração e atitudes de revolta das pessoas.

3. **Política de reciprocidade**: baseia-se na reciprocidade entre a organização e o sindicato. As reivindicações são resolvidas direta e exclusivamente entre a direção da organização e a do sindicato, com pouquíssima participação dos funcionários e dos supervisores. O objetivo é constituir um pacto e atribuir ao sindicato toda a responsabilidade de impedir que as cláusulas pactuadas sejam violadas pelos funcionários. Tal pacto nem sempre atende às aspirações dos funcionários e às solicitações dos supervisores, fazendo com que aqueles sejam submetidos à pressão da direção do sindicato, enquanto sofrem a pressão da direção da organização. Na realidade, além de não merecer o apoio e o comprometimento dos funcionários e dos supervisores, tal política nem sempre consegue ser cumprida, gerando desconfiança e falta de credibilidade dos funcionários quanto à direção do sindicato, o mesmo ocorrendo por parte dos supervisores quanto à direção da organização.

4. **Política participativa**: caracteriza-se por considerar que as relações trabalhistas envolvem o sindicato e os funcionários, de um lado, e a organização, seus dirigentes e supervisores, de outro, propiciando uma avaliação ampla e objetiva de cada reivindicação ou situação sua viabilidade, natureza, oportunidade, validade e, sobretudo, integração e identidade com as demais políticas e objetivos da organização. Pressupõe que as soluções sejam negociadas e discutidas com dados concretos, objetivos e racionais, e não baseadas em opiniões pessoais. Tal política exige bom relacionamento com os funcionários em um clima organizacional sadio, no qual os gerentes e os supervisores sejam assessorados por especialistas de *staff*, não somente nos assuntos de relações trabalhistas, mas também na solução de problemas envolvendo relações humanas no trabalho.

A política participativa considera o funcionário a partir de um ponto de vista social, político e econômico, e não apenas como mero fator de produção. O cumprimento dos acordos, bem como a solução dos problemas, das queixas e das reclamações individuais dos funcionários, são delegados aos supervisores da primeira linha. Problemas que envolvem grupos ou situações de maior amplitude ou, ainda, interpretação da lei ou das condições da convenção coletiva deverão ser tratados com a gerência com a participação de especialistas em relações trabalhistas, para que a solução não crie precedentes de usos e costumes na solução de problemas futuros. Encontrada a solução, sua aplicação será delegada à supervisão direta. Problemas gerais que envolvem a totalidade dos funcionários devem ser resolvidos pela alta administração da organização e pela do sindicato.

Essa política corresponsabiliza o sindicato na manutenção de um ambiente de harmonia nas relações trabalhistas e no cumprimento dos acordos coletivos. Trata-se de uma política baseada no consenso entre as partes e estritamente preventiva e não corretiva, pois se antecipa aos problemas ou, pelo menos, trata-os enquanto são controláveis. A autoridade da gerência e da supervisão da organização é realçada e legitimada, enquanto se prestigia o sindicato, privilegiando as negociações como meio para chegar a um acordo, convenção ou contrato coletivo.

 **SAIBA MAIS**   **Desafios para a área de GH**

Um dos maiores desafios atuais à área de GH trazidos pela abertura política do país e pelo crescente desenvolvimento do sindicalismo consiste, de um lado, na convivência com a evolução sindical e a emergente participação dos funcionários e, de outro lado, na necessidade de conscientização de todos os níveis de administração da organização quanto à nova realidade trabalhista e à crescente participação da classe trabalhadora em movimentos reivindicatórios. Torna-se evidente a necessidade de preparar tanto os empresários quanto todos os níveis da administração para enfrentar tal fato novo na realidade brasileira, dentro de uma postura democrática assentada em uma política participativa de relações trabalhistas.

Constata-se aqui um segundo desafio para a área de GH: a necessidade de conquistar espaço organizacional para atuação em nível estratégico e tático. Isso requer a obtenção de maior credibilidade junto à alta administração e aos demais níveis da organização, bem como a necessidade de maior autonomia e poder de decisão.

5.2 LEGISLAÇÃO DO TRABALHO

O objetivo da legislação do trabalho é o de limitar a autonomia contratual – a liberdade das partes quando se faz o contrato de trabalho – mediante normas imperativas e determinar a incorporação a esses contratos de trabalho de condições estipuladas em negociações coletivas, ou seja, negociações que são feitas entre um sindicato de trabalhadores (categoria profissional) e uma empresa ou organização, ou entre um sindicato de trabalhadores e um sindicato de empresas ou organizações (categoria econômica). Assim, a legislação trabalhista é intervencionista em graus diferentes conforme a situação.

Em países que alcançaram enorme desenvolvimento socioeconômico, têm regime democrático e onde, por decorrência, os sindicatos são fortes e sua atuação nas negociações coletivas é dinâmica, a intervenção do Estado via legislação trabalhista é reduzida a fim de proporcionar ao sindicato uma tarefa maior nas relações de trabalho por meio da negociação coletiva. Inversamente, nos países economicamente em nível de subdesenvolvimento ou em vias de desenvolvimento, e, consequentemente, por não haver industrialização, os sindicatos são ainda inexpressivos e pouco atuantes, e a legislação trabalhista é mais intervencionista. Além do mais, independentemente do grau de desenvolvimento socioeconômico, o tipo de regime jurídico-político pode também determinar maior ou menor grau de intervenção do Estado por meio das leis. É o caso de países de economia planificada e dirigida pelo Estado, em que a intervenção nas relações trabalhistas é total.

 Aumente seus conhecimentos sobre **Escala do grau de intervenção do Estado nas relações trabalhistas** na seção *Saiba mais* RBRT 5.1

VOLTANDO AO CASO INTRODUTÓRIO
MaxPower

A MaxPower era conhecida no meio patronal e pelos sindicatos da categoria como uma empresa rígida em suas posições, com pouca flexibilidade para abrir mão de suas propostas. Os membros do sindicato patronal e do sindicato dos funcionários a conhecia como uma empresa que priorizava sempre a redução dos custos de mão de obra, em prol do aumento de seus indicadores financeiros. Qual sugestão você daria para João, a fim de promover um relacionamento mais assertivo com os demais envolvidos no processo das relações trabalhistas?

5.3 SINDICALISMO

Os sindicatos não constituem um fato recente na história das relações entre as organizações e seus membros. Suas origens remontam ao surgimento do sistema capitalista que se desenvolveu a partir do século 18, com a Revolução Industrial, na Inglaterra.

Os sindicatos surgiram quando os empregadores começaram a ficar premidos entre os trabalhadores e os consumidores, ou seja, quando o sistema de remuneração foi desenvolvido. Esse sistema foi resultante do aumento da população local (urbanização) e da expansão dos mercados domésticos ou distantes. A pressão da concorrência de preços entre produtores de bens ou serviços provocou pressão sobre os salários, e os trabalhadores buscaram proteção mútua contra tais pressões.

Os sindicatos não surgiram dentro das fábricas, mas em velhos estabelecimentos, como sapatarias, alfaiatarias, construtoras etc., quando esses negócios começaram a produzir para mercados maiores e para demanda futura. Antes de 1800, vários grupos de trabalhadores começaram a se organizar para reagir contra as desumanas condições de trabalho. O desenvolvimento inicial de tais organizações foi obstaculizado por uma série de perseguições legais, pois os sindicatos eram vistos como conspirações criminosas, de acordo com as leis inglesas. Os empregadores procuravam a todo custo combater essas organizações subversivas. Principalmente nos períodos de aumentos de preços, os sindicatos conseguiram arregimentar membros, fazendo pressão para aumentar salários para viver, enquanto os empresários obtinham maiores lucros que lhes permitiam pagar salários melhores. Mesmo nos períodos de depressão econômica, apesar de declínios temporários, o movimento sindical passou a experimentar progressos consistentes.

Assim, de uma reação provocada pelas más condições de trabalho, o sindicalismo evoluiu para a representação maciça e legítima dos direitos e das expectativas das classes trabalhadoras. Atualmente, o sindicalismo representa um processo de reivindicações por melhores salários e condições de trabalho e, mais do que isso, uma força política que faz parte da natural disputa de poder, em um regime democrático.

Ao falar da história do movimento sindical, Gramsci[2] salienta que os sindicatos são o tipo de organização proletária específico do período da história dominado pelo capital. Em certo sentido, o sindicato é parte integrante da sociedade capitalista e tem uma função que é inerente ao regime de propriedade privada. A natureza essencial do sindicato é de concorrência, não é comunista. O sindicato não pode ser instrumento de renovação radical da sociedade: pode oferecer ao proletariado burocratas experientes, técnicos especialistas em questões de trabalho, mas não pode ser a base do poder proletário. Sua razão de ser está no trabalho, na produção industrial, e não na divisão de classes. O sindicalismo não é meio para a revolução, mas, simplesmente, uma forma da sociedade capitalista: organiza os operários não como produtores, mas como assalariados, isto é, como criaturas do regime capitalista de propriedade privada, como vendedores da mercadoria de trabalho. O sindicalismo une os operários segundo o instrumento de trabalho ou segundo a matéria a transformar, isto é, o sindicalismo une os operários segundo a forma que lhes imprime o regime capitalista, o regime do individualismo econômico. Como organização, o sindicato é uma agremiação ou associação voltada para a defesa dos interesses comuns de seus membros. Existem os sindicatos de empregados ou trabalhadores e os sindicatos patronais ou de empregadores.

No Brasil, os sindicatos são associados em federações de âmbito estadual. Federações são instituições que congregam sindicatos representativos do mesmo ramo de atividades – sejam de empregados, sejam de empregadores –, em número não inferior a cinco. As federações são associações sindicais de grau superior e que estão associadas em confederações. As confederações são associações sindicais de âmbito nacional e de grau superior que congregam um mínimo de três federações de sindicatos de empregados ou de empregadores. É o caso da Confederação Nacional da Indústria (CNI) e da Confederação Nacional dos Trabalhadores na Indústria (CNTI).

5.4 MEIOS DE AÇÃO SINDICAL

Para conseguir conquistar as reivindicações de suas bases, o sindicato dos empregados pode utilizar vários meios de ação para pressionar as organizações. Os principais meios de ação sindical são detalhados a seguir.

5.4.1 Greve

Grève é o nome de uma praça em Paris onde se reuniam os trabalhadores que não concordavam com as condições de trabalho que enfrentavam nas fábricas no começo do século 19. Assim, o nome da praça passou a significar a paralisação coletiva do trabalho, geral ou parcial, bem como a diminuição intencional do ritmo normal do trabalho por parte dos empregados de uma organização, visando à modificação das condições de trabalho. Se os funcionários de uma organização faltam ao trabalho para assistir a uma partida de futebol não há greve, mas apenas falta coletiva ao trabalho exatamente porque não se visava alterar as condições de trabalho, mas torcer por determinado time.[3] Greve é uma suspensão temporária, coletiva e pacífica do trabalho como forma de conquistar certa reivindicação trabalhista geralmente determinada pelo sindicato dos trabalhadores ou pelos próprios trabalhadores.

Greve é um direito de toda pessoa de se abster de trabalhar, como meio de pressionar o empregador para a obtenção de uma reivindicação de interesse geral; é uma paralisação coletiva do trabalho e deve necessariamente constituir-se em ato coletivo, com vontade de ser produzido, possuir um objetivo predeterminado, sendo sua manifestação exteriorizada pela suspensão coletiva da obrigação de prestar trabalho ao empregador durante período de tempo predeterminado ou não.[4] Assim, a greve suspende o contrato de trabalho, afeta apenas as relações de trabalho remunerado, implica a interrupção do salário e requer deliberação prévia. No fundo, ela é a ruptura no relacionamento entre o capital e o trabalho ocasionada por algum conflito de interesses entre patrões e empregados. É a própria antítese de uma sadia política de GH.

A greve pode emergir a partir de fatores objetivos, subjetivos e políticos:

- **Ponto de vista objetivo:** uma categoria entra em greve quando precisa reforçar a reivindicação de melhores condições de trabalho, ou seja, melhores salários, benefícios, condições de ascensão, progresso, segurança e estabilidade, relacionamento com as chefias etc.

- **Ponto de vista subjetivo:** uma categoria profissional entra em greve quando se sente profundamente prejudicada por alguma decisão ou ação da categoria econômica.

- **Ponto de vista político:** uma categoria entra em greve em busca de maior espaço de participação, em busca do exercício do poder, dentro ou fora da organização. Nesse aspecto, os empregados e suas lideranças estão descobrindo que pelo exercício do poder político conseguem melhores condições de alcançar seus objetivos.

Nos países de economia avançada, a greve é o último recurso de pressão, o argumento final do conflito coletivo de trabalho. A greve constitui – mais do que o salário – o traço distintivo e fundamental entre o trabalho livre e o trabalho servil.

A adesão à greve nem sempre é geral. Assim, surgem os piquetes como forma de pressionar os colegas a aderir à greve. Piquetes são agrupamentos de grevistas que procuram aliciar os colegas ou impedir a entrada dos empregados que desejam trabalhar, ou, ainda, coagir os que não aderiram à greve. Os piquetes são proibidos pelo Código Penal, por propiciarem atos de coação, de intimidação, que restringem a liberdade individual daqueles que não concordam com a greve. Os piquetes podem ser realizados:

- Na entrada da empresa, para impedir o ingresso ao trabalho.

- Nos pontos estratégicos onde os empregados devem passar, para impedir sua ida ao trabalho.

A greve é uma paralisação parcial ou integral das atividades, por parte dos trabalhadores, como meio de pressão na negociação de seus interesses ou no alcance dos seus objetivos.

Movimento grevista é um termo genérico usado para incluir as fases de preparação, eclosão e extensão das atividades de reivindicação de direitos, condições e conquistas da classe trabalhadora. O movimento grevista compreende as seguintes atividades: as articulações políticas, as assembleias gerais, a divulgação de panfletos, os comunicados, os manifestos, a mobilização do segmento operário envolvido e a atração de forças apoiadoras derivadas de todas as camadas da sociedade. Atividades estas seguidas da eclosão da greve propriamente dita.[5]

O direito de greve é matéria pacífica na ordem jurídica contemporânea nacional e internacional.[6] Já em 1776, em seu livro *Riqueza das nações*, Adam Smith, o criador da escola liberal em economia, assegurava que, enquanto o patrão por si só constitui uma coligação econômica, os operários se fragmentam em uma miríade de locações de serviços. Assim, os direitos econômicos e sociais são destinados a corrigir as desigualdades econômicas e sociais sofridas pelo grupo dos trabalhadores. A greve, então, é um corretivo ao desequilíbrio entre o grupo dos trabalhadores subordinados e o dos chefes da empresa, dotados de poder quase soberano em matéria econômica.

Assim, o direito de greve se apresenta como um direito econômico e social.[7] A greve constitui um meio e não um fim em si; é um meio de defesa e de pressão, e não pode ser outra coisa.[8]

5.4.2 Formas ilícitas de pressão sindical

Os movimentos trabalhistas reivindicatórios podem se manifestar sob formas impropriamente chamadas de greve, e por não se apoiarem em deliberação da categoria, nem serem precedidos de negociações prévias ou malogradas, constituem formas ilegais de pressão sindical. Dentre as formas ilícitas de pressão sindical por parte dos trabalhadores, podemos apontar:

- **Greve simbólica**: é uma paralisação coletiva de curta duração e sem abandono do local de trabalho. É uma greve demonstrativa com interrupção do trabalho durante o horário normal de atividade, mas com a permanência do pessoal em seus postos de trabalho. É um meio de pressão geralmente utilizado por grupos pequenos e restritos de funcionários.

- **Greve de advertência**: é uma paralisação que se destina a afirmar a importância da reivindicação, a disposição da categoria de entrar em greve e o grau de mobilização da categoria. Costuma ser uma interrupção súbita do trabalho, por breve lapso de tempo, geralmente pouco antes do término da jornada, envolvendo todo o pessoal, que abandona o local de trabalho. É uma forma de pressão ilícita, pois representa uma violação das normas contratuais, um descumprimento do trabalho na forma convencionada. Quando repetitiva, aumenta enormemente o poder de pressão dos funcionários.

- **Greve de zelo**: também chamada de operação padrão, pois o trabalho é realizado estritamente de acordo com os regulamentos internos, mas distorce-se artificialmente a realização do trabalho, cumprindo-se o contrato de trabalho com tanta minuciosidade que impede a marcha regular da produção, ocasionando transtornos e inconvenientes à organização. É também uma forma de pressão ilícita pela evidente má-fé. Apresenta a vantagem de manter a vigência do contrato de trabalho e, portanto, a percepção normal do salário. Não há interrupção ou paralisação do trabalho, pois as tarefas são realizadas, com tropeços, mas sem o abandono do local de trabalho. Ocorre com os funcionários bastante qualificados e sua prática exige conhecimento profundo dos regulamentos da organização, alta coesão grupal e disciplina do pessoal.

- **Operação tartaruga**: também chamada greve branca, pois o trabalho é cumprido lentamente ou sob condições técnicas inadequadas. Pela operação tartaruga ocorre diminuição do volume de trabalho ou da qualidade da produção.

- **Paralisação relâmpago**: é uma interrupção coletiva rápida e intempestiva em um ou diversos setores da mesma organização ou organizações diferentes. A paralisação relâmpago é chamada operação vaca brava, quando sua ocorrência pipoca nos mais variados setores de uma ou mais organizações, sem prévio aviso, impedindo sua previsão e dificultando as medidas de neutralização por parte das organizações.

- **Faltas ou atrasos do pessoal em setores vitais**: muitas vezes, os funcionários que trabalham em áreas vitais para o funcionamento da organização faltam ao trabalho ou se atrasam voluntariamente, criando problemas sérios à normalidade das operações.

- **Paralisação de fornecedores vitais**: é uma tentativa de prejudicar uma organização paralisando as organizações satélites que fornecem matéria-prima ou serviços indispensáveis a seu funcionamento. Assim, as organizações intermediárias ou fornecedoras é que são visadas para prejudicar determinada organização terminal.

- **Banimento de horas extras**: o pessoal passa a se recusar a fazer horas extraordinárias de trabalho solicitadas pela organização.

- **Ocupação do local de trabalho**: trata-se de uma forma agressiva de pressão sindical. O pessoal simplesmente ocupa o local de trabalho e não o abandona durante certo período de tempo, que pode chegar a dias, em casos extremos. Essa ocupação pode ser acompanhada de efeitos propagandísticos, como uso de tendas dentro da fábrica, assembleias internas, uso de cartazes e faixas, vigílias etc. A ocupação do estabelecimento tem por objetivo impedir totalmente a produção quando a organização cogita em admitir novos funcionários ou desenvolver o trabalho com aqueles que não aderiram ao movimento. É uma agressão contra a liberdade de trabalho e contra a propriedade privada e, simultaneamente, um ilícito civil e um ilícito penal.

- **Sabotagem**: trata-se do emprego de meios violentos e ocultos que visam à destruição de bens materiais: consiste na danificação de máquinas, instalações, bens da empresa, produtos ou serviços, matérias-primas etc. É um atentado à propriedade e, portanto, um ato ilícito grave.

5.5 MEIOS DE AÇÃO PATRONAL

Se, de um lado, os funcionários utilizam meios de ação sindical para fazer valer suas reivindicações, de outro lado, as organizações também podem utilizar certos meios de pressão contra os funcionários. As próximas seções explicam os meios de ação patronal.

5.5.1 Locaute ou greve patronal

Locaute (do inglês, *lockout*) é a parada patronal, isto é, o fechamento temporário da empresa determinado por seus dirigentes ou pelo sindicato patronal, como meio de pressão nas negociações sindicais com seus funcionários. O locaute provoca problemas para os funcionários, que deixam de trabalhar e de receber remuneração, e para a própria comunidade, que deixa de receber seus produtos ou serviços e a opinião pública pode ser influenciada de maneira favorável à organização. Com o locaute, a organização se defende de formas ilegais ou atípicas de greve e outros meios ilícitos de pressão por parte dos funcionários, para forçá-los a ceder em certas reivindicações exageradas. A parada patronal não significa despedida dos funcionários, mas uma suspensão temporária da relação de trabalho. O locaute pode ser ofensivo ou defensivo, mas é sempre um ato unilateral do empregador ou do sindicato patronal. O fechamento deve ser decorrência de legítima defesa da organização no sentido de evitar danos ou males que haveria se a empresa continuasse funcionando ou quando as pretensões trabalhistas dos funcionários tornem impossível a continuidade da organização, após se esgotarem todas as alternativas de negociação e conciliação.

5.5.2 Lista negra

A lista negra é uma relação de funcionários desligados por motivos de ações sindicais – ativismo sindical – que é distribuída a todas as empresas filiadas a determinado sindicato patronal a fim de que sua admissão seja impedida na defesa dos interesses daquelas empresas. A lista negra é um meio ilícito de coação, porque os empresários relacionam os candidatos indesejáveis do ponto de vista patronal, impedindo-os de obter emprego e ganhar a vida.

Quadro 5.1 Meios de ação sindical e patronal

Meios de ação	
Sindical	**Patronal**
■ Greve ■ Formas ilícitas de pressão sindical: • Greve simbólica • Greve de advertência • Greve de zelo • Operação tartaruga • Paralisação relâmpago • Faltas ou atrasos • Paralisação de fornecedores • Banimento de horas extras	■ Locaute ■ Lista negra

5.6 REPRESENTAÇÃO DOS FUNCIONÁRIOS NA ORGANIZAÇÃO

O mundo do trabalho tem passado por grandes mudanças. Com o surgimento da grande empresa, da democracia econômica e da democracia industrial, a participação dos trabalhadores nas decisões organizacionais tem sido um dos temas mais controvertidos e debatidos. O desenvolvimento tecnológico das empresas capitalistas, ao ultrapassar os limites do mercado local, deixou os proprietários do capital – os capitalistas alijados dos complexos e dinâmicos assuntos produtivos – e passou a ser confiado a um corpo de administradores e técnicos especializados. Assim, o capitalista – empresário ou acionista – perdeu o controle direto da produção. O progresso econômico e tecnológico fez com que a produção não pudesse ser dirigida sem o consentimento dos trabalhadores, ainda mais quando eles possuem certo grau de educação e cultura e passam a pressionar no sentido de conquistar modificações em direção a uma democracia dentro das empresas. Enquanto nos países socialistas as decisões econômicas são tomadas pelo Estado e acima das empresas, nos países capitalistas – principalmente na Europa – surgiram modelos de representação dos trabalhadores nas decisões empresariais.

A democracia industrial é um estilo que surgiu na Europa, a partir de 1970, para evitar que a economia fosse impulsionada exclusivamente por decisões dos dirigentes das organizações e permitir que se estendesse à vontade de todos os parceiros interessados, especialmente os trabalhadores. Com a democracia industrial surgiram os modelos de representação dos trabalhadores na administração das empresas. Os dois principais modelos são:[9]

1. **Representação direta ou antissindical**: é a representação que envolve esquemas internos, como conselhos de fábrica e comitês de empresa com poderes que variam desde a simples informação até à participação efetiva nas decisões da empresa. Os principais tipos de representação direta ou antissindical são:

    • **Conselhos de fábrica ou comitês de empresa**: são grupos de funcionários eleitos pelos votos dos demais colegas com poderes que variam desde a informação e a opinião até a participação nas decisões da empresa. Os conselhos de fábrica – no caso das indústrias – e os comitês de empresa – no caso de organizações terciárias – têm seus membros eleitos por períodos de um a dois anos por voto direto dos funcionários.

    Segundo a doutrina francesa, os conselhos de fábrica e os comitês de empresa têm por objetivo assegurar a expressão coletiva dos assalariados, permitindo a proteção permanente de seus interesses nas decisões relativas à administração e à evolução econômico-financeira da empresa, na organização do trabalho e nas técnicas de produção.[10]

    • **Cogestão ou gestão compartilhada**: é um termo controvertido que pode significar um estilo organizacional que permite forte participação dos funcionários em seu planejamento e controle, como também pode representar um estilo organizacional em que funcionários assumem uma posição formal na direção da empresa. É o que ocorre na Alemanha, onde as empresas com mais de 2 mil empregados são dirigidas conjuntamente por administradores e representantes dos trabalhadores em conselhos administrativos de composição paritária. Neles, acionistas e empregados têm igual representação. O conselho administrativo elege o presidente e o vice-presidente por maioria de dois terços. Se essa maioria não for alcançada, os acionistas têm o direito de eleger o presidente da empresa, enquanto o vice-presidente será eleito pelos empregados.

    • **Autogestão ou gestão própria**: também é um termo controvertido, pois para uns representa a administração da organização por seus próprios membros ou empregados e para outros significa um modelo de comportamento democrático participativo em que ocorre a mais ampla distribuição do exercício do poder nas organizações, ou seja, total equalização do poder. A autogestão é raramente encontrada e os exemplos mais expressivos ocorrem na Iugoslávia, onde o conselho de administração eleito pelos funcionários presta contas apenas aos trabalhadores, em vez de aos acionistas.

2. **Representação indireta ou sindical na empresa**: enquanto os modelos de representação direta são internos, os modelos de representação sindical envolvem a participação dos sindicatos fora dos muros da organização. Além de significar o envolvimento de uma terceira parte (a empresa, os empregados e o sindicato), essa participação é externa e geralmente conflitiva, pois não procede de organismos internos de representação dos trabalhadores na empresa, mas decorre da atuação externa dos sindicatos.

A consagração do sindicalismo livre como forma de equilíbrio da sociedade econômica capitalista produziu intensa ação sindical, resultando em acordos coletivos independentes da legislação estatal e estabelecendo a representação sindical dentro dos muros da empresa. Assim, nas empresas em que os sindicatos dispõem de força de persuasão e de razoável número de associados com comissões de fábrica são instalados sistemas de informação em quadros de avisos ou por meio de distribuição regular de noticiários, bem como sistemas de controle pelos quais o sindicato avalia e monitora o desempenho da empresa quanto a políticas de admissão e de desligamento de pessoal, critérios de remuneração e disciplina, e, principalmente, atendimento das cláusulas dos acordos coletivos.

As negociações coletivas, desenvolvidas pelos sindicatos nos últimos tempos, têm tido tal repercussão que vários países estão abandonando projetos de lei, dispondo sobre a constituição obrigatória de órgãos de representação dos trabalhadores no interior da empresa. A tendência futura parece ser a maior presença do sindicato dentro dos muros da empresa, seja pelo aumento do número de sindicalistas nos conselhos e comitês já existentes, seja pela representação sindical propriamente dita.[11]

 **SAIBA MAIS** **Representatividade e solução de problemas**

Como afirma Barros, os problemas a se resolver são muitos, destacando-se o de formar e educar os trabalhadores para que possam tomar parte nas decisões da empresa, cada vez mais complexa e guiada pela alta tecnologia. Como os conselhos, além de cuidar dos interesses dos trabalhadores, também estão devotados à saúde, à eficiência e à eficácia da empresa, a tendência de maior espaço do sindicato dentro da organização adicionará outro problema: o de conciliar o líder sindical à nova condição de liderança sindical na qual prepondera a ação de proteção dos interesses dos sindicalizados com a ação de proteção dos interesses da empresa.[12]

A participação dos empregados no processo decisório das organizações, contudo, só pode ser compreendida no contexto do desenvolvimento histórico do sistema de relações do trabalho de cada país. Esse sistema está intimamente relacionado ao contexto social, econômico, político, cultural, legal e tecnológico, que constitui o macroambiente típico de cada país.

3. **Esquemas de administração participativa**: a partir da década de 1980, o Brasil passou por uma extensa crise econômica, um enorme fortalecimento do movimento sindical e uma crise política que conduziu ao estágio atual de democratização. Em um plano mais restrito, o país passou a importar sistemas participativos de produção, como os círculos de controle de qualidade (CCQ), *kanbam*, *just-in-time*, controle total de qualidade (*total quality control* – TQC), oriundos do Japão. Em outras palavras, as próprias organizações começaram a adotar uma administração democrática e participativa entregando aos

níveis mais baixos da organização a autonomia e o *empowerment* necessário para que as pessoas pudessem tomar decisões a respeito de suas próprias atividades.

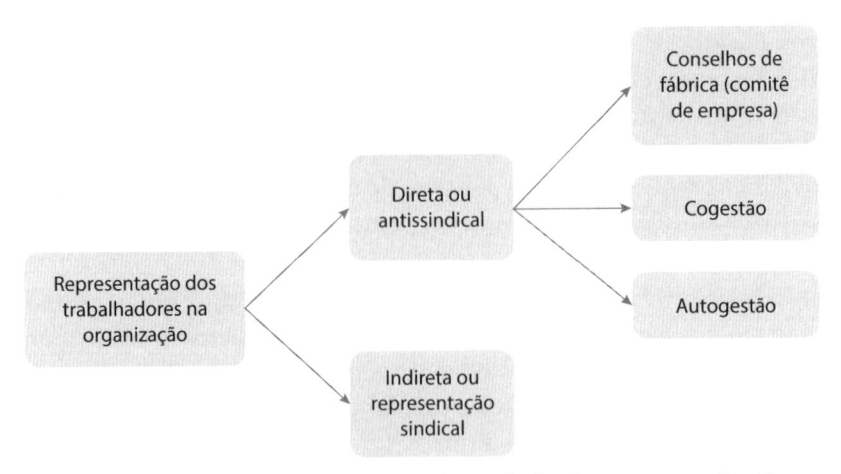

Figura 5.2 Meios de representação dos trabalhadores na organização.

5.7 CONFLITOS TRABALHISTAS

Um aspecto mais crítico da AGH é a existência de conflitos trabalhistas cuja solução exige uma postura global da organização orientada para o longo prazo. Os conflitos trabalhistas, quando adequadamente solucionados e resolvidos, conduzem a mudanças organizacionais que predispõem à inovação e à transformação. Contudo, quando os conflitos trabalhistas são apenas parcialmente resolvidos ou inadequadamente resolvidos, criam um contencioso entre a organização, seus participantes e o sindicato representativo, que pode afetar negativamente o desempenho organizacional.

5.7.1 Noção de conflito

Conflito e cooperação constituem elementos integrantes da vida das organizações. Ambos têm recebido muita atenção por parte das recentes teorias da organização, considerando-se hoje cooperação e conflito-cooperação como dois aspectos de atividade social ou, melhor dizendo, dois lados de uma mesma moeda, sendo que ambos estão inseparavelmente ligados na prática. Tanto que a resolução do conflito é muito mais atendida como uma fase de esquema "conflito-cooperação" do que como um "fim de conflito" ou uma resolução final do conflito.[13] O pensamento administrativo tem se preocupado profundamente com os problemas de obter cooperação e de sanar conflitos. O conflito não é casual, nem acidental, mas é inerente à vida organizacional ou, em outros termos, ao uso do poder.

Conflito significa existência de ideias, sentimentos, atitudes ou interesses antagônicos e colidentes que podem se chocar. Sempre que se fala em acordo, aprovação, coordenação, resolução, unidade, consentimento, consistência, harmonia, deve-se lembrar que essas palavras pressupõem a existência ou a iminência de seus opostos, como desacordo, desaprovação, dissensão, desentendimento, incongruência, discordância, inconsistência, oposição – o que significa conflito. Conflito é condição geral do mundo animal.[14] O homem se sobressai dentre os animais por sua capacidade de atenuar, embora nem sempre de eliminar, essa condição.

A sociedade e a civilização – requisitos básicos da vida humana – são viáveis graças a elevado grau de congruência de objetivos entre os homens, ou, pelo menos, devido a alguns mecanismos ou regras de conduta que impõem ordem e acomodação.

Se as fontes de cooperação residem nas semelhanças de interesses – sejam reais, sejam supostas – entre indivíduos e organizações, da mesma forma as fontes de conflitos se acham em algum grau de divergência – real ou suposta – de interesses. Existem dois aspectos do conflito:[15]

1. **Conflito interno**: é a divergência que ocorre dentro da organização, pois pessoas e grupos internos nunca têm interesses idênticos ou compatíveis entre si. As diferenças de interesses produzem sempre alguma espécie de conflito, que pode ser aberto (manifesto), velado (oculto) ou latente (potencial). As relações entre superior/subordinado podem ser em si mesmas uma fonte de conflito. Não existe uma organização isenta de conflitos internos.

2. **Conflito externo**: é a divergência que ocorre entre duas ou mais organizações cujos objetivos são incompatíveis. Sempre há conflitos de interesses organizacionais envolvendo mera resistência passiva ou atrito ou colisão frontal entre duas ou mais organizações. A competição pode ser direta ou indireta para o alcance de parcela maior de valores ou recursos escassos (como poder, recursos ou imagem no mercado).

Não há uma linha divisória entre conflitos internos e externos: ambos se interpenetram e, mais do que isso, exercem poderoso efeito uns sobre os outros. Um dos propósitos da administração deve ser o de criar condições ou situações em que o conflito – parte integrante da vida industrial e organizacional – possa ser controlado e dirigido para canais úteis, produtivos ou construtivos. Em situações de conflito, as respostas possíveis de um grupo ou indivíduo podem variar em uma escala que vai desde os métodos de supressão total até os métodos de negociação e solução de problemas, dentro de um *continuum*, conforme a Figura 5.3.[16]

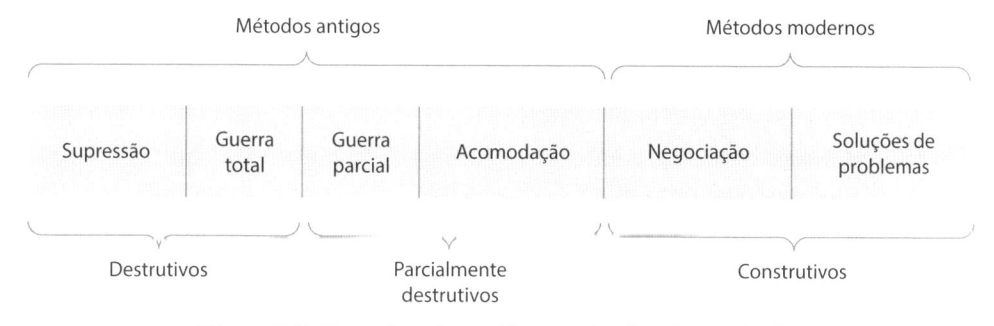

Figura 5.3 Situações de conflito e métodos de resolução.

Como as pessoas são diferentes e desiguais e as organizações também o são, os conflitos são atritos que decorrem das interações entre diferentes indivíduos ou diferentes grupos, em que a discussão e a competição constituem as forças intrínsecas do processo. Todo conflito tem em seu bojo forças construtivas que levam à inovação, à transformação e às mudanças, e forças destrutivas que levam ao desgaste, à perda de energia e à frustração. Todavia, a ausência de conflitos significa acomodação, apatia e estagnação, pois o conflito existe porque há pontos de vista e interesses diferentes que normalmente se chocam. Assim, a existência de conflitos significa a existência de dinamismo, de vida, de objetivos e interesses diferentes, de forças que se chocam continuamente.

O conflito conduz a uma ruptura nos processos normais de decisão produzindo dificuldade ou paralisia – para o indivíduo, o grupo ou a organização – na escolha de uma alternativa de ação. Geralmente, conflito é um processo que se inicia quando uma parte – o indivíduo, o grupo ou a organização – percebe que a outra parte – o indivíduo, o grupo ou a organização – frustrou ou pretende frustrar um interesse seu. À medida que ocorre a mudança, as situações se alteram e a quantidade e a qualidade dos conflitos tendem a aumentar e a se diversificar. Os conflitos exigem inovação para que as soluções sejam encontradas. Assim, os conflitos trazem consigo aspectos positivos e salutares: trazem inovação e mudança organizacional. Porém, à medida que os conflitos são solucionados, suas soluções trazem novos e diferentes conflitos, que exigirão novas e diferentes soluções. Assim, é a mudança e a inovação exigindo uma progressiva administração dos conflitos.

 Aumente seus conhecimentos sobre **Conflito trabalhista** na seção *Saiba mais* RBRT 5.2

5.7.2 Condições que predispõem ao conflito

Existem três condições antecedentes que são inerentes à vida organizacional e que tendem a gerar conflitos:[17]

1. **Diferenciação de atividades**: à medida que a organização cresce, ela não somente se torna maior, como também desenvolve partes ou subsistemas mais especializados. Como resultado dessa especialização, os grupos, ao realizar tarefas diferentes e se relacionar com diferentes partes do ambiente, começam a desenvolver maneiras específicas de pensar, sentir e agir: passam a ter sua própria linguagem, objetivos e interesses. Essa perspectiva diferente provocada pela especialização é chamada **diferenciação**, conceito que desenvolvemos no capítulo sobre as organizações. Objetivos e interesses diferentes – ou até antagônicos – tendem a provocar conflitos.

2. **Recursos compartilhados**: geralmente, os recursos disponíveis são limitados ou escassos e distribuídos proporcionalmente entre as diversas áreas ou grupos da organização. Assim, se uma área ou grupo pretende aumentar sua parcela de recursos, outra área ou grupo terá de perder ou abrir mão de uma parte dos seus. Daí a percepção de que algumas áreas ou grupos têm objetivos e interesses diferentes ou talvez antagônicos e incompatíveis.

3. **Atividades interdependentes**: os indivíduos e os grupos em uma organização dependem uns dos outros para desempenhar suas atividades. A interdependência existe à medida que um grupo não pode realizar seu trabalho sem que o outro realize o seu. Todas as pessoas e grupos de uma organização são interdependentes de alguma forma. Quando os grupos se tornam altamente interdependentes, surgem oportunidades para que um grupo auxilie ou prejudique o trabalho dos outros.

Essas três condições antecedentes – diferenciação de atividades, recursos compartilhados e interdependência – conduzem à criação de condições que predispõem ao conflito. Observe a Figura 5.4.

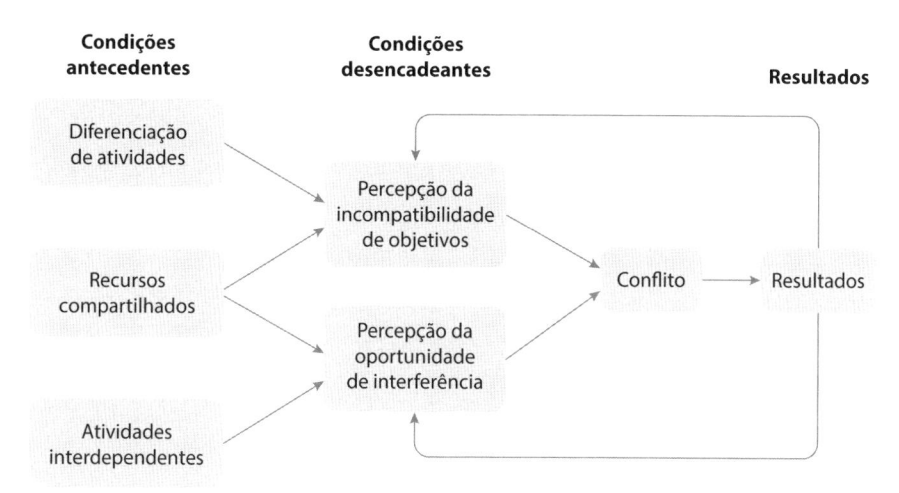

Figura 5.4 Condições antecedentes e condições desencadeantes do conflito.[18]

5.7.3 Condições que desencadeiam o conflito

O conflito ocorre como um processo quando há duas condições desencadeantes:

1. Percepção da incompatibilidade de objetivos.

2. Percepção da oportunidade de interferência.

Como consequência, a parte afetada se engaja em um comportamento de conflito. Assim, as condições antecedentes produzem as condições favoráveis à ocorrência de conflitos. Uma das partes percebe que existe uma condição desencadeante (incompatibilidade de objetivos ou interesses e oportunidade de interferência da outra parte) e passa a ter sentimentos de conflito com relação à outra parte: como consequência, surge o comportamento de conflito. Para atingir seus objetivos ou seus interesses, a parte utiliza uma série de táticas diferentes no conflito. Essas táticas variam desde a resistência passiva até o bloqueio ativo do trabalho da outra parte.

Todavia, para complicar as coisas, a ação de uma das partes geralmente provoca alguma forma de reação da outra parte. Dependendo dessa reação, há uma série de ocorrências possíveis: a reação da outra parte pode influenciar – positiva ou negativamente – as percepções e os sentimentos da primeira parte sobre o conflito e pode provocar uma intensificação do conflito ou alguma forma de resolução. A Figura 5.5 ilustra o processo do conflito.

Dependendo do comportamento das partes no conflito e do tipo de resolução encontrado, ficam percepções e sentimentos residuais chamados sequelas do conflito.[20] As sequelas do conflito produzem percepções e sentimentos que as partes terão quando o próximo episódio de conflito se instalar. Na realidade, o episódio de conflito é um ciclo repetido de eventos em que a resolução e a sequela de um episódio determinam a natureza e a característica do próximo.

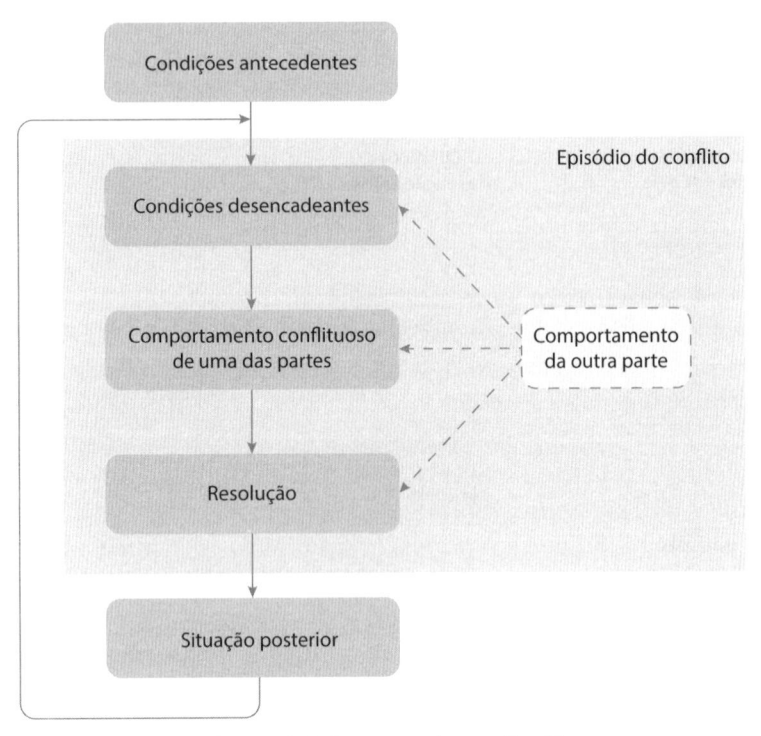

Figura 5.5 Processo do conflito.[19]

5.7.4 Resultados do conflito

O conflito pode ter resultados construtivos ou destrutivos para as partes envolvidas, sejam elas pessoas, grupos ou organizações. Assim, o desafio reside em administrar o conflito, de modo a maximizar os efeitos construtivos e minimizar os efeitos destrutivos.

■ **Resultados construtivos**: o conflito pode proporcionar efeitos potencialmente positivos:[21]

- O conflito desperta os sentimentos e estimula energias: ele leva as pessoas a ficarem mais atentas, mais esforçadas, mais acesas. Essa estimulação de energias produz curiosidade e interesse em descobrir melhores meios de realizar tarefas e novas abordagens na solução de problemas.

- O conflito fortalece sentimentos de identidade: quando um grupo entra em conflito, ele se torna mais coeso, mais ligado e mais bem identificado com seus objetivos e interesses. A coesão geralmente aumenta a motivação pelo desempenho da tarefa do grupo. Se o grupo "ganhar", seus membros se tornam mais motivados para trabalhar em equipe.

- O conflito desperta a atenção para problemas: geralmente o conflito é um meio de chamar a atenção para os problemas existentes.

- O conflito testa a balança de poder: o conflito pode levar à aplicação de recursos (o tempo gerencial, por exemplo) para sua resolução, ajustando diferenças de poder entre as partes envolvidas.

- **Resultados destrutivos**: o conflito é mais conhecido por suas consequências negativas, destrutivas e indesejáveis:
  - O conflito desencadeia sentimentos de frustração, hostilidade e ansiedade: como as partes envolvidas veem seus esforços bloqueados pelas outras, diante da pressão para ganhar, a atmosfera criada gera um clima estressante de frustração e hostilidade que pode prejudicar o julgamento e a habilidade no desempenho das tarefas, e afetar o bem-estar das pessoas envolvidas.
  - O conflito aumenta a coesão grupal: com o aumento da coesão, aumenta a pressão social para que as pessoas se conformem aos objetivos do grupo ou da parte envolvida. Isso diminui a liberdade individual, fazendo com que o grupo perca eficácia quanto a seu desempenho.
  - O conflito desvia energias para ele mesmo: grande parte da energia gerada pelo conflito é dirigida e gasta nele mesmo, em oposição à energia que poderia ser aplicada na realização de um trabalho produtivo. Assim, ganhar um conflito se torna um objetivo mais importante do que trabalhar com eficácia.
  - O conflito leva uma parte a bloquear a atividade da outra parte: um comportamento característico do episódio de conflito entre as partes é o do bloqueio das atividades da outra parte e a recusa de não cooperar com ela. Isso conduz a uma queda no desempenho do sistema total.
  - O conflito se autoalimenta e prejudica o relacionamento entre as partes conflitantes: o conflito influencia a natureza do relacionamento que existe entre as partes, prejudicando a comunicação entre elas e distorcendo suas percepções e seus sentimentos. Cada parte, à medida que o conflito aumenta, tende a estereotipar e a ver a outra parte como "inimiga", atribuindo-lhe motivos e intenções negativas. Com isso, fortalecem-se as percepções e os sentimentos de que os objetivos e os interesses da outra parte são incompatíveis com seus objetivos e interesses, e de que não se pode cooperar com a outra parte. Assim, o conflito se realimenta: as comunicações e as distorções perceptivas tendem a ampliar o conflito, o que, por sua vez, maximiza seus efeitos negativos e destrutivos.

Quadro 5.2 Resultantes do conflito[22]

Resultados potencialmente construtivos	Resultados potencialmente destrutivos
■ Estimula o interesse e a curiosidade	■ Provoca frustração, hostilidade e ansiedade
■ Aumenta a coesão grupal	■ Cria pressão para a conformidade das pessoas
■ Aumenta a motivação para a tarefa	■ Provoca dispersão de energia
■ Desperta a atenção para problemas	■ Produz ações de bloqueio e recusa a cooperar
■ Testa e reduz diferenças de poder	■ Gera distorções perceptivas

5.7.5 Resolução do conflito

A resolução constitui o fim do episódio de conflito. A resolução não significa que o conflito tenha sido solucionado ou administrado: significa apenas que, de alguma forma, terminou o episódio de conflito. Geralmente, a resolução ocorre quando uma parte ganha e a outra perde, quando há negociação, compromisso ou por outros meios.

A maneira pela qual um conflito é resolvido irá influenciar os resultados – construtivos ou destrutivos – que ele produz e, portanto, os futuros episódios de conflito.

Basicamente, um conflito pode ser resolvido de três maneiras:[23]

1. **Resolução ganhar/perder**: usando vários métodos, uma das partes consegue vencer o conflito, atingindo seus objetivos e frustrando a outra parte em sua tentativa de atingir seus objetivos. Desse modo, uma parte ganha, enquanto a outra perde.

2. **Resolução perder/perder**: cada parte desiste de alguns objetivos, por meio de alguma forma de compromisso. Nenhuma das partes alcança tudo o que desejava. Ambas as partes abrem mão de alguma coisa, isto é, ambas perdem.

3. **Resolução ganhar/ganhar**: as partes conseguem identificar soluções bem-sucedidas para seus problemas, permitindo que ambas atinjam seus objetivos desejados. O êxito, tanto no diagnóstico quanto na solução, faz com que ambas as partes ganhem.

Os dois primeiros padrões de resolução – ganhar/perder e perder/perder – tendem a conduzir a uma continuidade do conflito. Se uma parte ou ambas as partes não alcança seus objetivos, elas percebem o conflito como não acabado e permanecem motivadas a iniciar outro episódio de conflito em que talvez venham a ganhar. No terceiro padrão de resolução – ganhar/ganhar –, o ciclo de continuidade do conflito é interrompido e a probabilidade de conflitos futuros é diminuída.

5.7.6 Administração de conflitos

Existem três abordagens genéricas na administração de conflitos que cabem no padrão de resolução ganhar/ganhar:[24]

1. Abordagens estruturais.

2. Abordagens de processo ou procedurais.

3. Abordagens mistas.

Vejamos mais detidamente cada uma dessas três abordagens.

1. **Abordagens estruturais**: utilizam mecanismos estruturais semelhantes aos mecanismos utilizados para coordenação e controle. Procuram impedir que o conflito ocorra ou então mantê-lo dentro de certos limites controláveis, modificando as condições antecedentes que o produzem.

As abordagens estruturais se baseiam no fato de que o conflito surge das percepções criadas pelas condições antecedentes (diferenciação, recursos limitados e escassos e interdependência). Se essas condições antecedentes puderem ser modificadas, então as percepções e o conflito resultante poderão ser controlados ou evitados.

As principais abordagens estruturais na administração de conflitos são:

- **Minimização das diferenças entre as partes**: identificando objetivos compartilháveis. É uma das abordagens mais simples e mais utilizadas. Se as partes envolvidas puderem ser conscientizadas de que têm objetivos e interesses em comum, elas não poderão perceber seus próprios objetivos como incompatíveis. Geralmente, as partes em conflito começam a cooperar entre si quando existe um inimigo comum ou alguma ameaça externa a ambas as partes. Todavia, essa abordagem do inimigo comum é temporária, pois as partes voltam ao conflito quando desaparece a ameaça externa. Um objetivo comum e compartilhável deve ser algo duradouro e de impacto permanente.

- **Uso de sistemas de recompensas formais**: se a organização utiliza um sistema de incentivos para recompensar o desempenho conjunto ou combinado de dois ou mais grupos, estará criando um objetivo comum, o que leva à percepção de que o bolo de recursos a ser distribuído não é fixo. Porém, se, em vez disso, permite que um grupo ganhe recursos sem fazer com que o outro perca, torna-se vantajoso que todos os grupos cooperem entre si e desempenhem bem suas tarefas.

- **Reagrupamento de indivíduos**: para que os grupos sejam parte de uma unidade maior a fim de reduzir a diferenciação dos grupos. Muitas organizações reúnem partes conflitantes, como o pessoal de produção e o de vendas, em equipes de produtos com a responsabilidade de produzir e vender o produto, com um sistema de recompensa baseado no desempenho global, em vez de no desempenho individual. Com isso, os membros da equipe adquirem uma visão e uma compreensão de outras perspectivas quanto aos objetivos comuns existentes.

- **Separação física e estrutural dos grupos para reduzir sua interdependência e as oportunidades de interferência**: se as abordagens estruturais anteriores não forem bem-sucedidas ou aplicáveis, os grupos poderiam ser física e estruturalmente separados para reduzir sua interdependência e suas oportunidades de interferência recíproca. Mesmo que os grupos percebam a incompatibilidade de seus objetivos e o conflito potencial, a reduzida interdependência tornaria difícil a interferência e improvável a ocorrência do conflito.

2. **Abordagens de processo ou procedurais**: enquanto as abordagens estruturais procuram mudar as condições antecedentes do conflito, as abordagens processuais procuram fazer intervenções no episódio de conflito para modificar o processo. Essa abordagem pode ser utilizada por uma das partes em conflito, por pessoas de fora ou por uma terceira pessoa – geralmente um consultor externo, um gerente neutro ou algum superior na organização. Como o conflito geralmente conduz a comunicações reduzidas, distorção perceptiva e desconfiança mútua, é difícil fazer com que as partes se comuniquem claramente para desativação, confrontação ou colaboração e, assim, resolvam o conflito. Portanto, torna-se necessário uma pessoa experiente de fora ou um consultor de processo (ou procedimentos) para assegurar comunicações claras e adequadas e assessorar as partes para que aprendam a confiar uma na outra.[25]

As abordagens de processo podem ser desdobradas em três tipos:

- **Desativação do conflito**: uma das partes reage cooperativamente, em vez de se colocar diante do comportamento de conflito de forma ainda mais conflitante, encorajando menos comportamentos colidentes. Quando uma das partes desenvolve um comportamento de conflito, tende a provocar o mesmo tipo de comportamento da outra parte: é o estágio de escalação ou escalonamento do processo, quando o comportamento conflitante de uma parte motiva, como reação, um comportamento semelhante da outra. O mesmo se dá para comportamentos cooperativos ou não conflitantes.

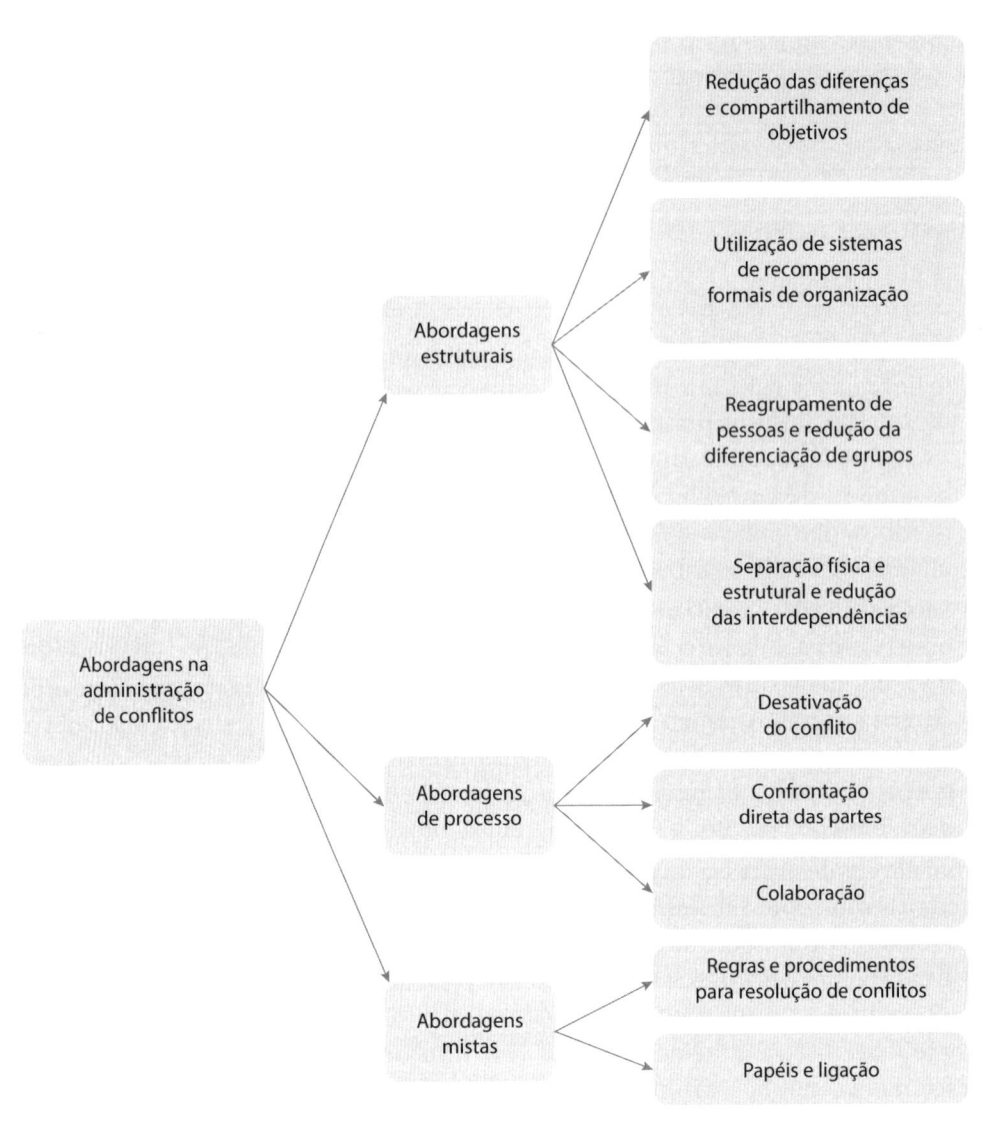

Figura 5.6 Abordagens na administração de conflitos.

- **Confrontação direta das partes**: quando o conflito já passou do estágio inicial de escalonamento, a desativação já não é mais possível e torna-se necessária uma abordagem mais direta, que começa tornando o conflito mais visível pela confrontação direta das partes hostis.[26] A suposição básica é de que a confrontação direta faz com que as partes envolvidas destilem suas emoções, corrijam as distorções e passem a identificar seus pontos de conflito antes que se inicie qualquer solução. Somente elucidando e identificando as áreas de conflito é que as partes podem identificar soluções do tipo ganhar/ganhar.[27]

- **Colaboração**: quando a desativação e a confrontação não são possíveis, a colaboração é a abordagem processual utilizada. As partes envolvidas trabalham juntas para solucionar problemas e identificar soluções do tipo ganhar/ganhar, ou ainda para tentar esquemas integrativos ou sinergísticos capazes de integrar os objetivos de ambas as partes e proporcionar maximização de resultados.[28]

3. **Abordagens mistas**: são abordagens de administração de conflitos que incorporam elementos estruturais e elementos procedurais. Os principais tipos são:

- **Regras para resolução de conflitos**: é um dos meios de influenciar o processo do conflito por meios estruturais, que são as regras e os procedimentos. Assim, especificando-se os procedimentos e os limites para trabalhar o conflito, ele pode ser contido naqueles limites, e as partes podem então passar para a solução do problema por meio dos procedimentos e regras previamente estabelecidos.

- **Papéis de ligação**: também chamados **papéis integradores**, são terceiras partes criadas dentro da organização e disponíveis a qualquer momento para ajudar na solução ganhar/ganhar dos conflitos que surgem. Apesar das diferenças entre as partes envolvidas, o pessoal de ligação ou de integração pode proporcionar a comunicação clara e sem distorções, bem como obter melhor apreciação da perspectiva de cada parte do que as próprias partes envolvidas. Da mesma forma, podem ser criadas equipes ou grupos de trabalho intergrupais para expandir os limites das partes (como uma equipe de projeto), que, se trabalhassem normalmente e sem auxílio, poderiam entrar em conflito. Muitas organizações alocam indivíduos cujas tarefas consistem em resolver conflitos entre grupos. Esses papéis integradores incluem cargos como gerente de produto, gerente de projeto, gerente de contas e assim por diante. Sua tarefa específica é coordenar o esforço dos grupos potencialmente conflitantes em direção ao desempenho eficaz da tarefa global da organização. Na realidade, realizam muitas das tarefas que um consultor de processo (ou de procedimentos) ou uma terceira parte faria, com a diferença de que constituem parte permanente da organização.

Quadro 5.3 Abordagens na administração de conflitos[29]

Abordagens na administração de conflitos		
Estruturais	**Procedurais**	**Mistas**
■ Objetivos comuns	■ Desativação	■ Regras e procedimentos
■ Sistemas de recompensas	■ Confrontação direta	■ Papéis de ligação
■ Reagrupamento	■ Colaboração	■ Grupos e equipes de trabalho
■ Rotação		■ Papéis integradores
■ Separação		

Daí a enorme importância que assume hoje o treinamento dos gerentes e supervisores em administrar conflitos e, sobretudo, na aquisição de habilidades de negociação. Nem sempre a resolução ganhar/ganhar é possível, principalmente em se tratando de conflitos trabalhistas.

Figura 5.7 Negociação na administração de conflitos.

5.7.7 As reivindicações nos conflitos trabalhistas

Os conflitos trabalhistas são divergências criadas entre dois sujeitos – as organizações e os sindicatos – envolvendo interesses individuais ou abstratos, gerais, de grupos profissionais ou econômicos.[30] São conflitos coletivos de trabalho ou simplesmente dissídios coletivos e retratam antagonismo entre interesses de uma categoria profissional (grupo de trabalhadores) e de uma categoria econômica (grupo de organizações). Quando envolvem interesses individuais das partes, isto é, dos empregados e de uma organização e não das categorias profissionais ou econômicas a que pertencem, são chamados conflitos individuais trabalhistas, ou simplesmente dissídios individuais.

Alguns autores preferem abordar os conflitos trabalhistas como conflitos nas relações entre capital e trabalho. Na realidade, os conflitos trabalhistas têm uma amplitude maior, pois envolvem interesses e objetivos que vão além das simples relações de trabalho ou do simples relacionamento entre empregador e empregado. Modernamente, as expectativas dos empregados ultrapassam as simples relações empregatícias para se projetarem em fatores motivacionais ou intrínsecos que não constam das convenções ou acordos coletivos de trabalho e que escapam da visão relacional ou legal que muitos autores pretendem delimitar.

Em geral, os conflitos trabalhistas envolvem vários tipos de reivindicações:

- **Condições legais de trabalho**: são as condições contratuais de trabalho, como jornada semanal de trabalho, horários de trabalho, intervalos para repouso e para refeições, descanso semanal remunerado (aos domingos e feriados), condições de trabalho da mulher e do menor, contrato de experiência, condições de desligamento e de aviso prévio.

- **Condições econômicas de trabalho**: são as condições que envolvem a remuneração, como salário profissional (ou salário normativo ou salário piso da categoria), índice de reajuste salarial, índice de aumento real ou índice de produtividade da categoria, adicionais de periculosidade ou de insalubridade, adicionais de trabalho extraordinário (horas extras) em dias normais ou aos domingos e feriados, equiparação salarial, aumentos de mérito ou de promoção, gorjetas, comissões.

- **Condições físicas de trabalho**: são as condições ambientais que envolvem os empregados enquanto trabalham – como exposição a ruídos, a temperaturas extremas, a gases tóxicos, a agentes químicos, a baixa ou elevada luminosidade, às intempéries, a choques elétricos, a altitudes –, bem como os equipamentos de proteção individual (EPIs) – vestuário, uniformes e os esquemas de higiene e segurança por parte da organização.

- **Condições sociais de trabalho**: são as condições que promovem serviços e benefícios sociais previstos ou não em legislação, como restaurante no local de trabalho, alimentação subsidiada ou gratuita, transporte subsidiado ou gratuito, locais de lazer e de repouso, assistência médico-hospitalar, serviço social, assistência odontológica, assistência à gestante, creches, estacionamento gratuito, seguro de vida em grupo, complementação de aposentadoria ou fundos de pensão, complementação do auxílio-doença.

■ **Condições de representatividade no trabalho**: são condições que asseguram aos empregados alguma forma de participação no processo decisório ou simplesmente sua representação nesse processo, como comissões de fábrica, comissões de empresa ou conselhos de empresa.

VOLTANDO AO CASO INTRODUTÓRIO
MaxPower

O conflito trabalhista entre a MaxPower e o Sindicato que representa a categoria estava estabelecido. A pressão pela greve era notória. João comentou com o presidente do sindicato que se a empresa parasse, a situação poderia ficar pior, pois perderiam clientes devido ao atraso na entrega dos pedidos. Todavia, o presidente do sindicato estava irredutível. No lugar de João, como você resolveria esse conflito?

5.7.8 Convenção coletiva

Convenção coletiva de trabalho ou acordo coletivo de trabalho é o acordo de caráter normativo pelo qual dois ou mais sindicatos representativos de categorias econômicas e profissionais estipulam condições de trabalho aplicáveis, no âmbito das respectivas representações, às relações individuais de trabalho.[31] A vigência da convenção coletiva é de, no máximo, dois anos. Assim, toda convenção coletiva tem sua amplitude no tempo e no espaço. A celebração de convenções coletivas de trabalho é um dos meios mais utilizados na solução de conflitos coletivos, evitando greves e possibilitando, por meio de negociações e consequente acordo entre as partes, manter a paz social baseada no consenso entre as partes.

A convenção coletiva de trabalho prescreve em detalhes quais as condições de trabalho que regerão os contratos individuais de trabalho nas organizações envolvidas: horários de trabalho, horários de descanso, descanso semanal remunerado (aos domingos e feriados), jornada semanal de trabalho, salário profissional (salário mínimo da categoria, também chamado salário normativo ou salário piso), índice de reajuste salarial, índice de produtividade da categoria, aumento real de salários em relação à inflação, condições de trabalho da mulher e do menor, adicionais de insalubridade e de periculosidade, adicionais de horas extraordinárias nos dias normais, domingos e feriados, condições de desligamento do pessoal, equiparação salarial etc.

5.7.9 Negociação coletiva

A convenção coletiva exige um processo prévio de negociação entre as partes: é a chamada negociação coletiva. A negociação coletiva pode ser feita em três níveis: no nível da empresa, no nível do sindicato e no nível da federação de sindicatos.

O processo de negociação coletiva é fruto da estrutura sindical brasileira e dos próprios interesses em jogo. O sindicato dos trabalhadores não pretende dividir suas bases em nível de atividade industrial (por exemplo, autopeças, automobilística etc.), pois evidentemente dividiria suas forças e, por consequência, seu poder reivindicatório: deseja negociar diretamente com as grandes empresas, mas não aceita a divisão de suas bases para tal fim. Por outro lado, os sindicatos patronais não pretendem negociar isoladamente com os sindicatos dos trabalhadores enquanto estes não representem também isoladamente a categoria envolvida.

Negociação é uma situação em que duas partes – sejam individuais, sejam grupais – cujos interesses estão em conflito tentam chegar a um tipo de acordo sobre como se comportarão, uma em relação à outra. A negociação é cada vez mais intensa na dinâmica das organizações, seja no contexto de suas relações internas, seja em seu relacionamento com organizações e instituições externas, em geral. Trata-se de uma ação cada vez mais necessária no desempenho de qualquer tipo de liderança.

Em um sentido mais amplo, "negociação é o processo de buscar aceitação de ideias, propósitos ou interesses visando o melhor resultado possível, de tal modo que as partes envolvidas terminem a negociação conscientes de que foram ouvidas, de que tiveram oportunidade de apresentar toda a sua argumentação e de que o produto final seja maior que a soma das contribuições individuais".[32]

Essa definição envolve conceitos como processo, consenso e sinergia. No processo de negociação, são necessárias as habilidades de tomada de decisão, comunicação, motivação, administração de conflitos e reunião. Assim, o treinamento em negociação constitui uma maneira pela qual as habilidades básicas de um administrador podem ser consolidadas.

Nos Estados Unidos, na Inglaterra e na França, o treinamento em negociação começou a fazer parte dos programas de treinamento gerencial por volta dos anos 1950. No Brasil, ao final da década de 1970, com o início da abertura política, a revitalização do movimento sindical e a maior participação dos empregados no processo decisório, a negociação passou a ser tratada como importante ferramenta administrativa.

O processo de negociação é muito semelhante ao processo de tomada de decisão. Em certo sentido, pode-se dizer que negociação não é nada mais do que uma tomada de decisão. Dentro da concepção sistêmica de organização, o processo de tomada de decisão, juntamente com o de comunicação, é um dos processos básicos para a integração das partes do sistema. Tomada de decisão, assim como negociação, importa num diagnóstico da situação atual, na formulação de objetivos, no estabelecimento de alternativas e de critérios para a decisão, bem como em planejamento, implantação e controle da decisão tomada.[33]

Já a negociação sindical é um processo condutor da tomada de decisões sobre acordos coletivos que envolvem representantes dos trabalhadores e dos empregadores. Nesses acordos, são confrontados os diferentes pontos de vista, as expectativas, os reclamos e as exigências, objetivando, pelo consenso e/ou por mecanismo de concessões mútuas, uma solução conciliatória.[34]

Para se chegar à composição da convenção coletiva de trabalho, há um longo e exaustivo processo de negociação coletiva, geralmente precedido de um movimento sindical, que é uma mobilização dos integrantes de um sindicato ou mesmo de uma federação de sindicatos em torno de suas reivindicações. O movimento sindical ocorre por meio de reuniões, assembleias, propaganda no meio socioeconômico específico, reuniões de negociações entre as partes, manifestações, pressões e greves, de acordo com as estratégias escolhidas e conforme o momento sociopolítico e econômico do país.[35]

Certos conceitos e colocações permitem melhorar significativamente as relações trabalhistas.[36]

- A organização deve definir claramente sua política de recursos humanos e divulgá-la aos seus funcionários.

- A organização deve desenvolver sistemas e canais de comunicação bidirecionais adequados, principalmente para sentir e perceber as expectativas e as reivindicações de seus empregados, localizar as fontes de problemas e de conflitos, e identificar suas causas.

- A organização deve manter um diálogo permanente e aberto com as lideranças sindicais.

- A organização deve preparar e treinar todas as chefias, principalmente as mais próximas aos operários (supervisão de primeiro nível), para a nova realidade sindical e para a democracia que desponta, pois nessa a habilidade de negociação é fato fundamental.

- A organização não deve considerar as declarações e as posturas revolucionárias de algumas lideranças sindicais e políticas como representativas e legítimas de uma tendência mais ampla do operariado, mas cobrá-las no confronto direto e na oportunidade devida.

- A organização precisa entender que a época do paternalismo acabou e precisa ser substituída por um tratamento igualmente respeitoso, porém mais igualitário, como pressupõe uma sociedade democrática ao conferir a mesma representatividade ao patrão e ao empregado nas relações de trabalho.

Se a classe patronal se preparar mais adequadamente para as relações de trabalho em uma sociedade democrática, dois efeitos virão simultaneamente. Primeiro, deverá refluir o grevismo (greve como greve, isto é, greve como um fim em si mesmo e não como meio de pressão para conquistar reivindicações) e, segundo, as greves serão encaradas com normalidade dentro da situação de confronto e conflito de interesses, que é natural e até produtiva se as partes forem capazes de negociar adequadamente.

RESUMO

As relações trabalhistas representam o sistema de relacionamentos entre a organização, seus membros e os sindicatos que os representam. As políticas de relações trabalhistas podem ser de cunho paternalista, autocrático, de reciprocidade ou participativo, que envolve a corresponsabilidade do sindicato na manutenção do clima organizacional sadio. Essas relações são profundamente influenciadas pela legislação do trabalho, que pode assumir caráter de intervencionismo total ou até de intervencionismo básico. Por outro lado, as relações trabalhistas também são influenciadas pelo estágio do sindicalismo. Existem meios legítimos e legais de ação sindical, como a greve, bem como meios ilícitos de pressão, como a greve simbólica, a greve de advertência, a greve de zelo, a operação tartaruga, a paralisação relâmpago etc. Em contrapartida, existem meios de pressão patronal, como o locaute e a lista negra.

A representação dos trabalhadores na organização pode ser direta (ou antissindical), como nos conselhos de fábrica e nos comitês de empresa, ou sindical, quando há engajamento dos trabalhadores em seus respectivos sindicatos. Os conflitos entre as pessoas e as organizações são gerados por condições antecedentes (como a diferenciação de atividades, os recursos compartilhados e a interdependência) que, quando somadas a condições desencadeantes (como percepção da incompatibilidade de objetivos e da oportunidade de interferência), produzem o comportamento de conflito, que exige uma resolução a fim de evitar sequelas. O conflito pode ter resultados construtivos e destrutivos. Assim, a administração do conflito pode ser feita por meio de abordagens estruturais (objetivos comuns, sistemas de recompensas, reagrupamento de pessoas, rotação e separação), abordagens procedurais (desativação, confrontação e colaboração) ou abordagens mistas (regras e procedimentos, papéis de ligação, grupos e equipes de trabalho, e papéis integradores). Os conflitos trabalhistas são aqueles que envolvem organizações e sindicatos representativos de seus empregados. Sua resolução é feita por meio de convenções coletivas ou acordos coletivos de trabalho estabelecidos nas negociações coletivas.

TÓPICOS PRINCIPAIS

Relações trabalhistas	Flexibilização das leis
Greves	Conflitos trabalhistas
Meios de ação sindical	Negociação
Meios de ação patronal	Intervencionismo
Poder do Estado	Convenção coletiva
Leis trabalhistas	

QUESTÕES PARA DISCUSSÃO

1. Quais as principais funções da GH nas relações trabalhistas?
2. Cite as políticas de relacionamento trabalhista utilizadas por diferentes organizações. Por que cada organização adota tipos diferentes?
3. Quais os principais aspectos limitantes da CLT nas relações trabalhistas?
4. Quais os principais meios utilizados pelos sindicatos patronal e sindical?
5. Existe uso de meio ilícito nas relações trabalhistas? Se sim, explique a ilicitude.
6. Qual a função e as atividades de um representante da organização nas relações trabalhistas?
7. O que é um conflito trabalhista e o que pode desencadeá-lo?
8. Defina administração de conflitos.
9. Em uma administração de conflitos, o ideal para as partes é chegar no ganhar/ganhar. Nesse sentido, qual(is) abordagem(ns) utilizar? Justifique sua resposta.
10. Explique como se pode melhorar as relações trabalhistas.
11. Resuma como ocorre o processo de convenção coletiva.
12. Acordo coletivo é sinônimo de convenção coletiva? Explique.
13. Sintetize como ocorre a negociação coletiva.

REFERÊNCIAS

1. FALJONE, A. *Prática das negociações sindicais*. São Paulo: Tama, 1984. p. 14-23.

2. GRAMSCI, A. *Escritos políticos*. Lisboa: Seara Nova, 1977. v. 2. p. 41-44.

3. MARTINS, I. Na greve, como na guerra. O *Estado de S. Paulo*, São Paulo, 6 ago. 1986.

4. FALJONE, A. *Prática das negociações sindicais, op. cit.*, p. 33-34.

5. TOLEDO, F. de; MILIONI, B. *Dicionário de recursos humanos*. São Paulo: Atlas, 1986. p. 55.

6. MORAES FILHO, E. de. Direito de greve. *Revista LTr*, São Paulo, v. 50, n. 7. p. 780, jul. 1986.

7. SIMI, V. *Il diritto di sciopero*. Milão: [s.n.], 1956. p. 83.

8. MACHADO FILHO, S. Sindicato, política e direito. *Revista LTr*, São Paulo, v. 50, n. 5, p. 543, maio 1986.

9. BARROS, C. M. Representação dos trabalhadores na empresa. *Revista LTr*, São Paulo, nov. 1985.

10. BARROS, C. M. Representação dos trabalhadores na empresa, *op. cit.*

11. BARROS, C. M. Representação dos trabalhadores na empresa, *op. cit.*, p. 1.300.

12. BARROS, C. M. Representação dos trabalhadores na empresa, *op. cit.*, p. 1.300.

13. CHIAVENATO, I. *Teoria geral da administração*. São Paulo: Atlas, 2021. v. 2, p. 46.

14. LORENZ, K. *On agression*. New York: Harcourt, Brace & World, Inc., 1966.

15. GROSS, B. M. *As empresas e sua administração*: um enfoque sistêmico. Petrópolis: Vozes, 1973. p. 85.

16. SHEPPARD, H. A. Responses to situations of competition and conflict. *In*: SHEPPARD, H. A. *Conflict management in organizations*. Ann Arbor: Foundation for Research on Human Behavior, 1962. p. 33.

17. NADLER, D. A; HACKMAN, J. R.; LAWLER III, E. E. *Comportamento organizacional*. Rio de Janeiro: Campus, 1983. p. 210-212.

18. NADLER, D. A.; HACKMAN, J. R.; LAWLER III, E. E. *Comportamento organizacional, op. cit.*, p. 211.

19. NADLER, D. A.; HACKMAN, J. R.; LAWLER III, E. E. *Comportamento organizacional, op. cit.*, p. 213.

20. PONDY, L. R. Organizational conflict: concepts and models. *Administrative science quarterly*, n. 12, p. 296-320, 1967.

21. NADLER, D. A.; HACKMAN, J. R.; LAWLER III, E. E. *Comportamento organizacional, op. cit.*, p. 214.

22. NADLER, D. A.; HACKMAN, J. R.; LAWLER III, E. E. *Comportamento organizacional, op. cit.*, p. 216.

23. FILLEY, A. *Interpersonal conflict resolution*. Glenview: Scott & Foresman, 1975.

24. NADLER, D. A.; HACKMAN, J. R.; LAWLER III, E. E. *Comportamento organizacional, op. cit.*, p. 216-219.

25. SCHEIN, E. H. *Consultoria de procedimentos*: seu papel no desenvolvimento organizacional. São Paulo: Edgar Blücher, 1972.

26. WALTON, R. E. *Pacificação interpessoal*: confrontação e consultaria de uma terceira parte. São Paulo: Edgar Blücher, 1972.

27. BECKHARD, R. *Desenvolvimento organizacional*: estratégias e modelos. São Paulo: Edgar Blücher, 1972.

28. LIKERT, R. *Administração de conflitos*. São Paulo: McGraw-Hill, 1980.

29. NADLER, D. A.; HACKMAN, J. R.; LAWLER III, E. E. *Comportamento organizacional, op. cit.*, p. 217.

30. TOLEDO, F. de; MILIONI, B. *Dicionário de recursos humanos, op. cit.*, p. 33.

31. FALJONE, A. *Prática das negociações sindicais, op. cit.*, p. 25-27.

32. JUNQUEIRA, L. A. C. *Negociação*: tecnologia de comportamento. São Paulo: Cop Editora, 1984. p. 12.

33. JUNQUEIRA, L. A. C. *Negociação, op. cit.*, p. 14.

34. TOLEDO, F. de; MILIONI, B. *Dicionário de recursos humanos, op. cit.*, p. 57.

35. TOLEDO, F. de; MILIONI, B. *Dicionário de recursos humanos, op. cit.*, p. 55.

36. HUMBERG, M. E. Um novo jeito de negociar com os sindicatos. *Gazeta Mercantil*, São Paulo, 15 out. 1968. p. 5.

TENDÊNCIAS NOS PROCESSOS DE MANTER PESSOAS

6

OBJETIVOS DE APRENDIZAGEM

- Compreender as tendências dos processos do subsistema de manutenção da Gestão Humana (RH).

O QUE VEREMOS ADIANTE

- Tendências dos processos do subsistema de manutenção da GH.

CASO INTRODUTÓRIO
BestApp

Jonas fundou a *startup* BestApp com o objetivo de desenvolver aplicativos para micro e pequenas empresas. Ele já vem de uma larga experiência em empresas tradicionais de tecnologia. A última em que trabalhou e que o motivou a ser empreendedor, utilizava-se dos processos tradicionais de manutenção de pessoas. Estando saturado deste tipo de gestão, decidiu utilizar suas competências técnicas para abrir seu próprio negócio. Porém, Jonas queria iniciar com processos inovadores da Gestão Humana (GH). Para tanto, contratou Maria como gestora de GH. Quais orientações, referente aos processos de manutenção, você daria para Maria, a fim de atender às expectativas de Jonas?

INTRODUÇÃO

Os processos de manter pessoas na organização focalizam fundamentalmente aspectos como remuneração, benefícios, condições de trabalho e gestão de conflitos. Na sua base, está a busca contínua e constante de transformar a organização no melhor lugar para se trabalhar. Qualidade de vida é fundamental.

6.1 TENDÊNCIAS DOS PROCESSOS DO SUBSISTEMA DE MANUTENÇÃO DA GH

Os processos de manutenção da GH estão passando por rápidas e profundas transformações e mudanças. As tendências encontradas nesses processos são as seguintes:[1]

- **Os sistemas de incentivos e recompensas das empresas estão se sofisticando gradativamente**: é bastante significativa a gradativa sofisticação dos sistemas de incentivos e de recompensas como meios eficazes de motivar as pessoas no sentido do alcance de determinados objetivos da empresa. Isso mostra uma crescente aproximação dos objetivos organizacionais dos objetivos individuais das pessoas. Em outros termos, uma solução do tipo ganhar-ganhar dos velhos conflitos, antes entendidos como insolúveis ou extremamente problemáticos, entre os objetivos perseguidos pela empresa e os alvos individuais de seus funcionários. Antigamente, a tendência era privilegiar exclusivamente a busca dos objetivos organizacionais em total detrimento do alcance dos objetivos individuais das pessoas, que se frustravam e se alienavam em relação ao trabalho desempenhado, prejudicando-o seriamente. Verificou-se que esse desequilíbrio compromete seriamente o alcance dos objetivos da empresa, quando não chega a impedir sua realização. A solução encontrada pelas empresas bem-sucedidas foi desenvolver sistemas de incentivos e de recompensas que motivassem as pessoas a caminhar em direção aos objetivos organizacionais de modo que esses objetivos também se tornassem os objetivos das pessoas e as metas de seu desempenho.

- **Os sistemas de incentivos e recompensas estão se adequando e se ajustando às diferenças individuais das pessoas:** é nítida a tendência para que os sistemas de incentivos e recompensas se ajustem cada vez mais às diferentes expectativas, desejos, necessidades e conveniências individuais das pessoas. Os antigos sistemas únicos e invariáveis estão cedendo lugar para novos sistemas múltiplos ou alternativos, alguns deles pluralistas, capazes de oferecer opções ou menus de acordo com os desejos ou expectativas de cada funcionário. Os antigos sistemas de incentivos e recompensas únicos esbarram em algumas limitações. A principal delas foi que muitos deles não chegavam a conquistar as pessoas pelo fato de oferecerem estímulos que nada tinham a ver com as conveniências individuais de muitos funcionários. Em outras palavras, eram estímulos que não incitavam boa parte das pessoas. Essa adequação das práticas motivacionais às diferenças individuais das pessoas está sendo gradativamente incorporada aos sistemas de incentivos e recompensas pelo fato de que nem todas as pessoas estão interessadas no mesmo tipo de "cenoura".[2] A diversidade tornou-se a palavra de ordem nas organizações. A aceitação plena das diferenças de personalidade, experiências pessoais, ideias próprias e objetivos individuais pegou para valer. Para que um sistema de incentivos e recompensas funcione bem, verificou-se que ele precisa motivar igualmente todas as pessoas envolvidas. Como elas são extremamente diferentes entre si, o sistema precisa considerar todas essas diferenças individuais para ser eficaz e funcionar plenamente.

- **Está havendo uma sensível migração para os sistemas de remuneração flexível**: uma das decorrências da adequação e do ajustamento dos sistemas de incentivos e recompensas às diferenças individuais é a remuneração variável. A chamada remuneração flexível ou variável constitui um meio de utilizar intensamente mecanismos de motivação e de realização pessoal, já que envolve o estabelecimento conjunto de objetivos e de metas, bem como o tipo de participação do funcionário ou do gerente nos resultados alcançados. Embora a remuneração flexível provoque algum risco às pessoas pelo fato de que parte de sua remuneração fixa é substituída por um ganho a ser conquistado futuramente por meio do desempenho excelente, não resta dúvida de que ela é realmente motivadora e dinamizadora de ações e de comportamentos desejados pela empresa.

- **Uma Gestão por Objetivos e(GPO) minentemente participativa e democrática**: a Gestão por Objetivos (GPO) está retomando com nova roupagem e com figurino diferente do antigo esquema de funcionamento. A GPO se adaptou aos novos tempos cambiantes e deixou para trás seus tradicionais erros e tropeços do passado. Em seu novo figurino participativo e democrático, a GPO provoca uma intensa ligação das pessoas com o negócio da empresa e um comprometimento com o alcance dos objetivos organizacionais, passando ao largo do antigo sistema maniqueísta e de tensão constante. A GPO tornou-se mais leve e amigável pelo fato de tornar-se menos vertical e mais horizontal, menos individual e mais grupal, menos autocrática e mais consultiva. É principalmente, mais um mecanismo organizacional no sentido de adequar e conciliar objetivos individuais e organizacionais.

- **Os planos de sugestões estão em alta**: as ideias dos funcionários estão sendo levadas a sério e sendo consideradas com muita atenção pelas empresas. Os planos de sugestões estão voltando a ser moda nas empresas que vieram para ficar e para permitir que as pessoas participem principalmente nos aspectos técnicos de suas atividades. Os planos de sugestões apresentam geralmente três finalidades:

  - A primeira finalidade é servir como uma efetiva ponte de comunicação entre funcionários e a empresa visando ao estabelecimento de uma forma consultiva de administração. Isso faz com que o relacionamento empresa *versus* empregados aconteça dentro de uma nova ótica e de uma nova dinâmica, objetivando uma ampla participação de toda a força de trabalho na melhoria contínua dos produtos/serviços, dos processos de trabalho e das operações cotidianas.

  - A segunda finalidade é fazer com que todas as pessoas da empresa, em todos os níveis da organização, e não apenas um pequeno contingente de elite situado em nível hierárquico mais elevado, participem ativa, aberta, consciente e continuamente na solução dos problemas operacionais da empresa. E que elas se sintam totalmente responsáveis por eles e comprometidas com sua rápida e adequada solução.

  - A terceira finalidade é a implementação de medidas sugeridas pelos próprios executores que visem à melhoria contínua dos produtos e serviços da organização, já que são eles quem conhecem mais profundamente os métodos e os processos executados. Acabou-se o tempo em que apenas uma pequena minoria de pessoas ficava pensando ou solucionando problemas dentro da empresa. Agora, todos devem participar, como um enorme e permanente mutirão de esforços nesse sentido.

- **Obsessão pela qualidade de vida no trabalho**: as empresas bem-sucedidas estão mostrando uma forte preocupação com a qualidade de vida das pessoas no trabalho e fora dele. Remunerar, prestar serviços e conveniências relacionados com benefícios sociais, cuidar da segurança do trabalho, da saúde do empregado, seguir e atender zelosamente os dispositivos dos acordos sindicais e da legislação do trabalho constituem formas de responsabilidade social e de proporcionar qualidade de vida no trabalho e, de maneira direta ou indireta, corresponder às contribuições oferecidas pelos funcionários na forma de qualidade do trabalho, dedicação etc. É a qualidade de vida que proporciona a qualidade do trabalho. A qualidade de vida incentiva a felicidade das pessoas. Pessoas felizes fazem empresas felizes e bem-sucedidas. "Uma mão lava a outra".

- **Alternativas de planos de benefícios sociais à escolha dos funcionários**: antes configurados sob uma única maneira e desenhados de acordo com aquilo que a empresa pretendia oferecer unilateralmente a seus funcionários, os benefícios estão sendo agora configurados dentro de várias alternativas e opções, de acordo com as necessidades, as aspirações e as conveniências de cada funcionário. Como as pessoas são diferentes, suas necessidades, suas aspirações e suas conveniências também são diferentes. Os planos de benefícios e serviços sociais precisam ajustar-se a essa diferenciação, no sentido de atender às expectativas dos usuários. Quando se fala em atender ao cliente e superar suas expectativas, a mesma postura da empresa deve também estar voltada para seus principais parceiros: as pessoas que nela trabalham.

- **Saúde como investimento e não simplesmente como mero benefício**: saúde como negócio, no sentido de melhorar a produtividade das pessoas e melhorar sua qualidade de vida, tanto na empresa quanto fora dela. Contudo, como ocorre na Administração da Gestão Humana (AGH), para obter determinado lucro é mister efetuar-se um investimento. Na área da saúde, os investimentos são feitos para reduzir despesas futuras, melhorar a vida das pessoas e obter maior produtividade e qualidade no trabalho. Esses são o retorno do investimento feito.

- **Conforto no trabalho e ausência completa de riscos como meios de melhorar a produtividade e a satisfação das pessoas e de influenciar a imagem da empresa**: o cuidado com o ambiente físico de trabalho, seja nos escritórios, seja nas fábricas, é extremamente levado a sério nas empresas bem-sucedidas. Não apenas como meio de proporcionar conforto aos funcionários ou prevenir possíveis riscos de acidentes, nem apenas como meio de assegurar e melhorar a produtividade e a satisfação das pessoas. O importante é que o ambiente físico procure oferecer principalmente uma imagem imaculada e favorável à empresa e, ao mesmo tempo, uma ideia de como ela leva em consideração seus funcionários.

- **Cada colaborador é considerado um diretor**: não mais administrar recursos humanos, nem pessoas, e sim administrar com as pessoas. Cada pessoa é tratada como se fosse um diretor de negócios ou um diretor de processos, isto é, incentiva-se o espírito empreendedor, a iniciativa e a responsabilidade pelo que cada pessoa faz. Trabalha-se em parceria com as pessoas, tornando-as corresponsáveis por todas as atividades da empresa. Essa é a tendência atual.

- **Estrita obediência à legislação trabalhista, às convenções sindicais e aos acordos coletivos**: isso significa um profundo respeito aos contratos, individuais ou coletivos, formais ou psicológicos, tácitos ou escritos, desenvolvidos entre a empresa e seus funcionários. Isso provoca confiança, a principal base da administração participativa. As empresas bem-sucedidas são extremamente severas quanto à obediência das convenções coletivas, dos contratos individuais, das normas usuais e, principalmente, das expectativas e aspirações de seus funcionários. É o que os japoneses denominam de cimentar a confiança em bases sólidas, para obter a cooperação e o comprometimento das pessoas.

- **Os sindicatos estão sendo tratados como parceiros com interesses comuns e não mais como entidades adversárias ou confrontadoras**: do lado das empresas, os sindicatos estão sendo tratados como verdadeiros parceiros com os mesmos interesses globais: a qualidade de vida das pessoas e a garantia de um mercado de trabalho estável. A flexibilidade nas negociações coletivas e na resolução dos possíveis conflitos trabalhistas por meio de resoluções do tipo ganhar-ganhar estão em alta. A ideia é ter níveis variados de ganho e não simplesmente ganhar tudo ou perder tudo. Outro aspecto que está sofrendo mudanças são os fortes preconceitos políticos e ideológicos dos sindicalistas em relação às empresas. Apesar de todas essas limitações, as relações trabalhistas estão sendo inseridas em um contexto mais aberto de incessante busca da competitividade no cenário mundial e, portanto, canalizadas de maneira mais sólida e construtiva em função de interesses comuns mais amplos.

VOLTANDO AO CASO INTRODUTÓRIO
BestApp

Jonas estava satisfeito com a gestão de Maria, afinal sua empresa estava começando certo, principalmente nas ações relativas ao subsistema de manutenção. Os incentivos e as recompensas estavam em conformidade com as modernas técnicas de gestão, assim como a valorização de suas pessoas em relação à saúde e ao menu de benefícios. Todavia, alguma ação ainda estava faltando, pois a empresa perdia talentos para o mercado. As entrevistas de saída indicavam que o processo de comunicação interna não funcionava adequadamente. Segundo os entrevistados, as sugestões não eram acatadas e não tinham *feedback*. Até mesmo itens relativos à melhoria da qualidade de vida surgiram nas entrevistas de saída. Diante desse fato, o que você faria no lugar de Maria?

RESUMO

Todas essas tendências nos processos de manutenção de GH estão vinculadas às tendências mais genéricas apontadas no primeiro livro desta série: *Administração de recursos humanos – gestão humana*: fundamentos básicos. Elas vislumbram um futuro e preparam o caminho da

Acesse um caso sobre **Por dentro da empresa que dominou o mundo** na seção *Caso de apoio* RBRT 6.1

organização do novo milênio, uma organização que se fundamenta em pessoas que levam a empresa para a frente, e não em pessoas que ficam presas às amarras burocráticas da organização.

TÓPICOS PRINCIPAIS

Tendências da Manutenção da GH	Qualidade de vida
Motivação	Parceria
Flexibilidade	GPO
Mudança	

QUESTÕES PARA DISCUSSÃO

1. Qual transformação está ocorrendo nas organizações modernas em relação aos objetivos organizacionais e individuais? O que justifica essa mudança?

2. Como o sistema de remuneração e benefícios está se adequando para proporcionar maior motivação para o colaborador?

3. Comente o(s) motivo(s) de o sistema de remuneração flexível ser mais vantajoso para as organizações e os colaboradores se comparado ao modelo tradicional. Existe algum risco no sistema da remuneração variável?

4. Explique as mudanças que estão ocorrendo no modelo de GPO.

5. Quais as principais finalidades de um plano de sugestões?

6. "Pessoas felizes fazem empresas felizes e bem-sucedidas. 'Uma mão lava a outra'." Reflita sobre essa afirmação e a interprete, à luz das ações que muitas organizações estão tomando para a melhoria da qualidade de vida no trabalho.

7. Cite ao menos dois exemplos do uso dos benefícios sociais à escolha dos funcionários.

8. Por que é salutar as organizações perceberem as ações que melhoram a saúde do trabalhador como investimento e não custo?

9. O que significa dizer que "cada colaborador é considerado um diretor"?

10. Ao tratar os sindicatos e outros órgãos de classe como parceiros, qual(is) o(s) ganho(s) para a organização e para os funcionários?

REFERÊNCIAS

1. CHIAVENATO, I. *Como transformar RH (de um centro de despesa) em um centro de lucro*. São Paulo: Makron Books, 1999. p. 168-174.

2. A metáfora lembra a história do aldeão que, para fazer o burro puxar a carroça, pendurou na ponta de uma vara uma cenoura e a colocou na frente, para que o animal andasse para abocanhá-la, mas em vão. Isso lembra o tipo de estímulo que faz com que as pessoas se esforcem sem, contudo, jamais alcançar seu objetivo, frustrando-se logo em seguida.

ÍNDICE ALFABÉTICO